Brigitte Leiser
Gustav-Stresemann-Str. 24
75180 Pforzheim
Tel: 07231/72173

ANGELIKA KAUFFMANN
Liebende

Band III der Ausstellungstrilogie
»*Der Traum vom Glück*«

Herausgeber: Förderverein »Freunde Angelika Kauffmann Museum Schwarzenberg«

Der Vorstand dankt

Johann Aberer, Schwarzenberg
Amman Kaffee, Peter Amann, Schwarzenberg
Amt der Vlbg. Landesregierung,
   Abt. Kultur, Dr. Werner Grabher
Käsladen, Hedi Berchtold, Schwarzenberg
Alfons Bereuter, Schwarzenberg
Dipl.-Ing. Wolfgang Bickel, Alberschwende
Dr. Hans-Peter Bischof, Lochau
Bregenzerwald Tourismus GmbH, Egg
Frank Broger, Büro für Gestaltung, Andelsbuch
Carmen Chartouni, Lech
Dipl.-Ing. Helmut Dietrich, Architekt, Bregenz
DI Andreas und Marie Luise Dorner, Schwarzenberg
Doppelmayr Seilbahnen GmbH, Wolfurt
Dorner Electronic, Egg
Robert Fessler, Fotograf, Lauterach
Fitz Feingrafik, Lustenau
Gasthof Adler, Engelbert Kaufmann, Schwarzenberg
Gasthof Alte Mühle, Marietta Wild, Schwarzenberg
Detlef Gehrke, Reutlingen
Gemeinde Schwarzenberg, Bgm. Armin Berchtold
Kurt Grabher, Schwarzach
ÖkR Jakob Greber, Schwarzenberg
Theresia Hirschbühl, Schwarzenberg
Hotel Hirschen, Franz Fetz, Schwarzenberg
Landesrätin Dipl.-Vw. Andrea Kaufmann
Dr. Wilhelm Klagian, Rechtsanwalt, Dornbirn
Gerd Mayer, Schwarzenberg/Stuttgart
MEVO Metzler GmbH, Hans und Ulli Metzler,
   Schwarzenberg
Vizebgm. Hans Metzler, Schwarzenberg
Georg Meusburger, Wolfurt
MundArt Restaurants, Bregenzerwald
Museumsbegleiterinnen des
   Angelika Kauffmann Museums
Dr. Ambros Nussbaumer, Mellau
Dr. Rudolf Pfletschinger, Schwarzenberg
Sandra Pöltl, Büro für Gestaltung, Andelsbuch
Sepp Pokorny, Schwarzenberg/Stuttgart
Privatkäserei Rupp, Dr. Josef Rupp, Hörbranz
Raiffeisenbank Mittelbregenzerwald, Egg

Regio Bregenzerwald, Egg
Ing. Walter-Heinz Rhomberg, Bregenz
Dipl.-Ing. Günter Schertler, Lauterach
Joachim Schmid, Audio & Videoproduktion, Lindau
Traugott Schneidtinger, Feldkirch
Schubertiade, Gerd Nachbauer,
   Hohenems/Schwarzenberg
Dr. Gerhard Schwarz, Schwarzenberg
Schwarzenberg Tourismus
Dkfm. Paul und Heidi Senger-Weiss, Bregenz
Dekan Pfarrer Josef Senn, Schwarzenberg
Ing. Siegfried Steurer, Schwarzenberg
Hans Störmer, Berlin
Dr. Paul Sutterlüty, Egg
VKW, Dr. Christof Germann, Bregenz
Vorarlberger Landesregierung,
   Landeshauptmann Dr. Herbert Sausgruber
Wälder Versicherung VaG,
   Christoph Mennel, Andelsbuch
Wirtschaftskammer Vorarlberg,
   Präsident Manfred Rein, Feldkirch

sowie allen Mitgliedern des Fördervereins »Freunde Angelika Kauffmann Museum Schwarzenberg«

Leihgeber:
Bündner Kunstmuseum, Chur, Dr. Beat Stutzer
Franz Michael Felder Archiv, Dr. Jürgen Thaler
Galleria degli Uffizi, Florenz, Il Soprintendente per
   il Polo Museale Fiorentino Dr. Christina Acidini
Landeshauptstadt Bregenz,
   Bgm. Dipl.-Ing. Markus Linhart
Tiroler Landesmuseum Ferdinandeum,
   Innsbruck, PD Dr. Wolfgang Meighörner
vorarlberg museum, Bregenz,
   Dr. Tobias G. Natter/Dr. Andreas Rudigier
Vorarlberger Landesbibliothek, Bregenz,
   Dr. Harald Weigel

und private Leihgeber im In- und Ausland

Inhaltsverzeichnis

Grußworte
Herbert Sausgruber, Andrea Kaufmann	4
Armin Berchtold	6

Vorwort
Gert Ammann	8

Angelika Kauffmann (1741–1807)   10

Essay
Astrid Reuter	12
Der Faden der Ariadne	

Zur Ausstellung
Petra Zudrell

Zur Ausstellung »Liebende«	46
Warnung vor der Liebe	50
Amors Pfeile	56
Nymphen im Kampf mit der Liebe	66
Männerwahl und Frauenqual	72
Telemach und Kalypso	78
Trauerikonen	84
Bildnisse Bartholomäus und Margarethe Aberer	92
Ariadne zwischen Theseus und Bacchus	98
Die Hochzeit von Amor und Psyche	104
Ganymed und Zeus	110
Am Scheideweg zwischen Ruhm und Liebe	116

Anhang
Exponate	122
Literaturverzeichnis / Fotonachweis	125
Impressum	128

Grußwort

Die künstlerische Auseinandersetzung mit »*Liebe*« war im Schaffen von Angelika Kauffmann ein durchgehendes Thema. In ihren Werken hat sie eine Fülle von Liebenden dargestellt. Für viele der Figuren blieb Liebe allerdings nur ein Traum. Im arbeitsreichen Leben der Künstlerin war für Liebesgeschichten wenig Platz. Ihre ganze Kraft investierte sie in die Kunst. Dennoch schuf sie mit ihrem Werk einen wahren Kosmos von verlassenen Frauen und Männern, die vor der Wahl zwischen Ruhm und Liebe stehen.

Mit der Ausstellung »*Liebende*« findet die Trilogie unter dem Titel »*Traum vom Glück*« einen würdigen Abschluss. 2010 eröffnete die Ausstellung »*Heldinnen*« die Reihe und 2011 folgte die Ausstellung »*Wahlverwandte*«. Den »*Freunden des Angelika Kauffmann Museums*«, dem gesamtem Museumsteam und den Schwarzenbergerinnen und Schwarzenbergern möchten wir einmal mehr zu ihrem Museum gratulieren, das seit seiner Neueröffnung im Angelika Kauffmann Jubiläumsjahr 2007 zu einem unverzichtbaren Bestandteil der lebendigen Vorarlberger Museumslandschaft geworden ist.

Die gute Entwicklung ist nur mit großem freiwilligen Engagement und enormen Einsatz möglich, wofür wir uns bei den Beteiligten recht herzlich bedanken möchten. Ohne dieses riesige Engagement der Vereinsmitglieder, aber auch der Museumsbetreuerinnen und -betreuer wären viele Ideen und Projekte nicht umsetzbar. Das Land Vorarlberg wird weiterhin die vielfältigen Aktivitäten des Museums tatkräftig unterstützen und ein verlässlicher Partner bleiben.

Dr. Herbert Sausgruber Dipl.-Vw. Andrea Kaufmann
Landeshauptmann Kulturlandesrätin

Grußwort

Der Bregenzerwald ist eine Region, die besonders reich an kulturellen Aktivitäten und Initiativen ist. Schwarzenberg kommt hier ein besonderer Status zu. Begünstigt durch seine geographische Lage und geprägt durch ein starkes Traditionsbewusstsein, hat sich hier ein Ortsbild erhalten, das Schwarzenberg zu einem der malerischsten Orte Vorarlbergs macht. Dank einem ausgezeichneten Gespür für die Bedeutung kultureller Initiativen hat die Gemeinde unter der Führung meines Vorgängers, Jakob F. Greber, mit dem Angelika Kauffmann Saal einen Veranstaltungsort geschaffen, der sowohl architektonisch wie akustisch von besonderer Qualität ist.

Die zweite kulturelle Initiative, deren Bedeutsamkeit und Nachhaltigkeit sich bereits jetzt erweist, war die Schaffung der modernen Museumsräume für das Angelika Kauffmann Museum im historischen, 450 Jahre alten Kleberhaus, das bereits das Heimatmuseum beherbergte. Anlässlich der Feierlichkeiten zum 200. Todestag der Wahl-Schwarzenbergerin Angelika Kauffmann im Sommer 2007 wurde das Museum in Partnerschaft mit dem »vorarlberg museum« mit einer »Ausstellung an zwei Orten« eröffnet. Die Ausstellung erfreute sich eines fulminanten Besucherzustroms.

Bereits 2006 hatte sich der Förderverein *»Freunde Angelika Kauffmann Museum Schwarzenberg«* konstituiert, der sich die ideelle Aufgabe der Pflege des lebendigen Andenkens an die Künstlerin in der Öffentlichkeit, mit besonderem Augenmerk auf die Jugend im Land, und die materielle Aufgabe der Finanzierung einer jährlichen Sommer-Sonderausstellung zu einem Aspekt des künstlerischen Œuvres der Malerin zum Ziel gesetzt hat.

Dieser Katalog begleitet die fünfte Sommerausstellung des Angelika Kauffmann Museums. Er vollendet die Ausstellungstrilogie *»Angelika Kauffmann – Der Traum vom Glück«* mit den Themen *»Heldinnen«*, *»Wahlverwandte«* und nun zum Abschluss *»Liebende«*.

Das junge Museum hat in den wenigen Jahren seines Bestehens viel Lob und offizielle Anerkennung erfahren dürfen – als Künstlermuseum gehört es zu der heute noch eher raren Spezies der monothematischen Institutionen. Die Präsentation von Gastausstellungen von regionalen Künstlern – im Jahr 2010 war es Hubert Dietrich und im Jahr 2011 Franz Metzler – hat das Interesse noch weiter beflügelt.

Die Schubertiade-Konzerte bringen zweimal im Jahr ein kulturbewusstes, internationales Publikum nach Schwarzenberg, das die Bereicherung des kulturellen Angebots durch das Angelika Kauffmann Museum außerordentlich schätzt.

Für die Schwarzenberger Bevölkerung bedeutet die Auseinandersetzung mit dem Museum und seinen Ausstellungen eine permanente Erweiterung des Bildungshorizontes. Die einheimischen MuseumsbegleiterInnen sind für die Besucher Mittler der historischen und aktuellen Kultur im Wald. So ist hier eine neue Besinnung auf die Wurzeln entstanden, traditionelle Werte werden ins aktuelle Bewusstsein gehoben.

Die Ausstellung lässt das Zeitalter der Empfindsamkeit anhand bedeutender Werke von Angelika Kauffmann zum Thema Liebe lebendig werden. In dem Geist der Epoche ist das Kauffmann'sche Bild von Liebe nicht durch Liebeslust und Erfüllung, sondern mehr durch Liebesleid und Verzicht geprägt.

Möge auch dieser Ausstellung, wie den vorangegangenen, der verdiente Erfolg beschieden sein, möge auch diese Ausstellung dazu beitragen, das Bild einer der bedeutendsten Künstlerinnen Österreichs lebendig zu halten.

Armin Berchtold
Bürgermeister
der Gemeinde Schwarzenberg

Vorwort

Der Trilogie »*Der Traum vom Glück*« dritter Teil mit dem Thema »*Liebende*« klingt wie ein glückvoller Höhepunkt. Doch wie gebärden sich die Liebenden im Werk von Angelika Kauffmann? Sind sie glückselig, sehnsuchtsvoll oder gar glücklos? In ihrer Biographie finden sich ja eher missglückte Beziehungen und unerfüllte Hoffnungen. Die Wertigkeit von Zuneigung und Liebe ist differenziert zu betrachten. Auch bei den Akteuren im Olymp kann man dies nachvollziehen: *»So sind sie, die Kauffmann'schen Liebenden: Penelope, geduldig hoffend und wartend, Ariadne verzweifelt und verlassen, Eurydikes Rückkehr aus dem Hades misslingt, Eleanora saugt Gift aus der Wunde ihres Gemahls, Calypso schwört Odysseus ewige Liebe, Andromache trauert an Hektors Urne, Shakespeares Cordelia verzweifelt. Der moralische Anspruch und die sittlichen Maßstäbe der Künstlerin kommen in Schlüsselwerken wie den Kardinaltugenden, Allegorien wie Bescheidenheit, Aufrichtigkeit, Glückseligkeit, Hoffnung, Glaube, Ehelicher Friede, Freundschaft, Geduld zum Ausdruck. Nehmen wir zeitgenössische Zeugnisse und Biografien zu Hilfe, so sehen wir in Angelika Kauffmann eine Frau, die ihr Glück wohl in Freundschaftsverbindungen ihrer Zeit gefunden haben mag. Das Kauffmann'sche Bild von Liebe ist aber nicht durch Liebeslust und Erfüllung, sondern mehr durch Liebesleid und Verzicht geprägt. Die Themen, die sie für ihre Bilder wählt, mögen sich nach dem Zeitgeschmack und den Präferenzen ihrer Kundschaft gerichtet haben. Ihre literarischen und mythologischen Frauengestalten – und es sind meist Frauen, die im thematischen Mittelpunkt ihrer Bilder stehen – haben eine moralische und eine ethische Botschaft, sie verkörpern Ideale und Wertvorstellungen. Nur ihren Grazien erlaubt sie im spielerischen Streit mit Amor eine leichtfüßige Koketterie.«* (S. Pokorny)

Die moralisierende Botschaft ihrer Motive mag heute nicht leicht nachvollziehbar sein. Diese in Ausstellungen zu erschließen und damit die Zugänge zu erleichtern, sind Anliegen der »*Freunde Angelika Kauffmann Museum*

Schwarzenberg«. Petra Zudrell agiert als kenntnisreiche und umsichtige Kuratorin nicht nur für die Ausstellung und den bibliophilen Katalog, sondern erstellt auch ein beeindruckendes Rahmenprogramm und setzt damit neue Akzente in der Vermittlung. Ihr und ihrem Team, Anna-Claudia Strolz als Geschäftsführerin und besonders den Leihgebern, den treuen Subventionspartnern, den Sponsoren, Gönnern, Förderern und Mitgliedern darf ich einen aufrichtigen Dank bekunden.

Hans-Peter Bischof, der auch das Entstehen der Ausstellung »Liebende« noch als Obmann begleitete und verantwortete, legte vor kurzem seine Funktion als Obmann in meine Hände. Dem Verein ist es ein besonderes Bedürfnis, ihm für die Obsorge und seine Unterstützung vom Start weg in seiner damaligen Funktion als Landesstatthalter zu danken. Mit seinem Engagement ist Hervorragendes gewachsen, das bewahrt und im Zusammenwirken mit der Gemeinde Schwarzenberg unter ihrem Bürgermeister Armin Berchtold und den engagierten Mitarbeiterinnen im Museum weiter betrieben werden muss. Als neuer Obmann darf ich allen für ihre bisherige Tätigkeit danken und zusammen mit den neuen *»alten«* Vorstandsmitgliedern auf weitere gute Zusammenarbeit vertrauen.

Die Sphären der *»Liebenden«* bei Angelika Kauffmann möchte ich den Besucherinnen und Besuchern aus nah und fern zum Erahnen und vielleicht auch Genießen ans Herz legen, mit einem kleinen Hintergedanken, dass ein beeindruckendes Erlebnis zu neuen Mitgliedschaften führen möge. Eine stattliche Mitgliederzahl ist auch ein sichtbares Signal an die wohlwollenden Förderer aus Politik und Wirtschaft.

Gert Ammann
Obmann *»Freunde Angelika Kauffmann Museum Schwarzenberg«*

Angelika Kauffmann (1741–1807)

1741–1765 Kindheit und Jugend. Angelika Kauffmann wird am 30. Oktober 1741 in Chur geboren. Ihr Vater, der aus Schwarzenberg stammende Maler Johann Joseph Kauffmann, fördert früh das künstlerische Talent seiner Tochter. Nach dem Tod der Mutter 1757 reisen Vater und Tochter nach Schwarzenberg, wo sie gemeinsam die Kirche neu gestalten. Es folgen weitere Aufträge im Bodenseeraum, anschließend ein mehrjähriger Aufenthalt in Italien mit wechselnden Wohn- und Studienorten.

1766–1781 London. In London steigt Angelika Kauffmann bald zu einer der gefragtesten Malerinnen ihrer Zeit auf. Die Porträtkunst ist ihre Haupteinnahmequelle, daneben widmet sie sich der Historienmalerei. Der Erfolg wird durch Kauffmanns erste Ehe mit einem Heiratsschwindler getrübt. 1768 ist Angelika Kauffmann neben Mary Moser das einzige weibliche Gründungsmitglied der Royal Academy.

1781 Schwarzenberg. Die 40-Jährige heiratet den italienischen Maler Antonio Zucchi. Nach der Hochzeit folgt der Umzug nach Italien. Auf der Reise dorthin besuchen sie Schwarzenberg.

1782–1807 Rom. 1782 stirbt Kauffmanns Vater. Im Mai des Jahres übersiedelt das Ehepaar Kauffmann-Zucchi nach Rom. In Kauffmanns Salon treffen sich die wichtigen Künstler Roms, prominente Rombesucher und einflussreiche Persönlichkeiten. Zum Freundeskreis zählen unter anderem Goethe und Herder. Kauffmanns Werke sind weiterhin begehrt und sie arbeitet ununterbrochen.

1807 Tod. Am 5. November 1807 stirbt Angelika Kauffmann in Rom und wird unter Anteilnahme der Bevölkerung mit großem Pomp in San Andrea delle Fratte beigesetzt.

Angelika Kauffmann: Selbstbildnis in der Tracht der Bregenzerwälder mit Pinsel und Palette um 1757–1759 / Öl auf Leinwand / 460 x 330 mm
Galleria degli Uffizi, Florenz, Inv.-Nr. 4444

Astrid Reuter

Der Faden der Ariadne

Der Mythos der Ariadne hat Angelika Kauffmann im Laufe ihres Lebens wiederholt beschäftigt. Die vier im Folgenden vorgestellten Varianten des Themas geben einen Einblick in die stilistische und motivische Variationsbreite ihrer Werke. Durch die Konzentration auf Einzelfiguren oder Zweiergruppen sowie die Emotionalität ihrer Darstellungen stellt die Künstlerin eine besondere Nähe zum Betrachter her und zeigt sich darin der Attitüden- und der Schauspielkunst ihrer Zeit eng verbunden.

Angelika Kauffmanns umfangreiches malerisches Werk umfasst neben zahlreichen Bildnissen vor allem Gemälde zu Themen aus der Mythologie, der römischen und der mittelalterlichen Geschichte sowie religiöse Darstellungen. In ihnen entwickelte die Künstlerin im Laufe ihres Schaffens eine eigene Bildsprache und entfaltete ein breites Spektrum an Handlungen und Emotionen. Mit der Konzentration auf die Wiedergabe »*des menschlichen Gemüthes, seiner Empfindungen und seiner Leidenschaften*« folgte sie einer Forderung, die der Schweizer Theologe und Philosoph Johann Georg Sulzer in seiner »*Allgemeinen Theorie der Schönen Künste*« (1771 – 1774) für die Historienmalerei formuliert hatte. Die mythischen Geschichten boten mit ihrer Fülle an unterschiedlichsten Motiven einen idealen Ausgangspunkt. Schon Johann Wolfgang von Goethe betonte, dass diese gleichermaßen »*als symbolische Darstellungen oder bloß in Rücksicht auf das rein Menschliche gedacht werden*« könnten.[1] Noch Corinth empfahl seinen Schülern etwa ein Jahrhundert später mythologische, historische und biblische Stoffe zur Darstellung, da gerade diese »*das allgemein Menschliche und vieles, was man erlernen soll*«, enthielten.[2] Angelika Kauffmann scheint sich dieses Potenzials bewusst gewesen zu sein. Sie reflektierte in ihren Gemälden allgemeine Fragen des Lebens, wobei sie sich mit manchen Gestalten wie Penelope, Kleopatra oder auch Telemach wiederholt beschäftigte.

Zu den Geschichten, die sich wie ein roter Faden durch das Gesamtwerk der Künstlerin ziehen, gehört der Mythos der Ariadne: Als Theseus nach Kreta kommt, um den Minotauros zu töten, verliebt sich die Tochter des Königs Minos in ihn. Sie gibt dem Helden ein Wollknäuel mit auf den Weg, der seine Rückkehr aus dem Labyrinth, in dem das gefährliche Mischwesen mit Stierkopf und Menschenleib gefangen gehalten wird, sichern soll. Nach vollbrachter Tat fliehen die beiden. Bei einem kurzen Aufenthalt auf der Insel Naxos jedoch lässt Theseus Ariadne, der er die Ehe versprochen hat, schlafend zurück und segelt allein weiter nach Athen.

[1] *Sulzer und Goethe zit. n. Bettina Baumgärtel, Die Historienmalerei. Liebe, Tod und Trauer, in: Bettina Baumgärtel (Hg. u. Bearb.), Angelika Kauffmann, Kunstmuseum Düsseldorf / Haus der Kunst, München / Bündner Kunstmuseum, Chur, Ostfildern-Ruit 1998, S. 344ff., hier S. 344 u. 346.*
[2] *Zit. n. Sabine Fehlemann (Hg.), Lovis Corinth (1858 – 1925). Aus der Graphischen Sammlung des Von der Heydt-Museums, bearb. v. Antje Birthälmer, Kunsthalle Barmen, Wuppertal 2004, S. 8.*

Der Faden der Ariadne

Erwachend entdeckt Ariadne die Untreue des Geliebten. Tief verzweifelt blickt sie seinem sich entfernenden Schiff nach. Doch wendet sich ihr Schicksal schon bald zum Guten. Der Gott Dionysos findet die erschöpft in Schlaf Gefallene, verliebt sich in sie und macht sie zu seiner Braut. Aphrodite überreicht ihr als Geschenk eine Krone, die Dionysos später an den Himmel schleudert, wo sie sich in ein Sternbild verwandelt.

Die Geschichte der Ariadne erzählt von der Liebe einer Frau, ihrer Klugheit, ihrer Verzweiflung und ihrer Rettung. Ihre unglückliche Liebe findet Parallelen in anderen Gestalten der antiken Mythologie: Medea hilft ihrem Geliebten Jason, das Goldene Vlies in seinen Besitz zu bringen, und tötet ihre gemeinsamen Kinder, als er sie verlässt. Dido stürzt sich in das Schwert des Aeneas, als dieser sich von ihr trennt. Im Unterschied zu diesen tragischen Heldinnen findet die von ihrem irdischen Liebhaber verlassene Ariadne schon bald Trost in der Zuneigung eines Gottes, wandelt sich ihr Unglück in höchstes Glück. Der Schlaf der Ariadne bildet die Schwelle zwischen Verzweiflung und Zuversicht. Er markiert den Wandel. Erwachend schöpft die eben noch Trauernde neue Hoffnung.

Überliefert wird die Geschichte der Ariadne von verschiedenen antiken Autoren, unter ihnen Homer, Catull, Ovid und Plutarch. Catull und Ovid schildern die Enttäuschung der Ariadne besonders ausführlich. Schon der Anfang des Briefes, den die Verlassene in Ovids »Heroides« an ihren untreuen Geliebten richtet, zeigt das Ausmaß ihrer Verletzung:
»*Milder als dich befand ich sämtliche Tiere der Wildnis, keines hätte mich je übler verraten als du.*«

Ariadnes Beschreibung der Geschehnisse findet in einer bitteren Klage über den dreifachen Verrat ihren Höhepunkt, der ihrem Zustand, den Elementen und Theseus selbst gilt. Der Schlaf schützte den Fliehenden vor der Entdeckung, die

Winde trugen das Schiff davon, Theseus tötete den Bruder und ließ sein Heiratsversprechen uneingelöst:

»Grausamer Schlaf, warum hieltest du mich so reglos umfangen?
Besser, in ewige Nächte hättest du gleich mich versenkt.
Grausam seid auch ihr, ihr Winde, und allzu ergeben,
grausam ihr Lüfte, die mich heftig zum Weinen gebracht.
Grausam ist deine Hand, die mich und den Bruder getötet,
und der erbetene Schwur war doch nur hohles Geschwätz.
Schlaf und Wind und Schwur – gegen mich hat sich alles
  verschworen,
dreifach verraten bin ich – ich, eine Frau, gegen drei?«

Und am Ende ihres Briefes sucht sie ein letztes Mal das Mitleid des Geliebten zu wecken:

»Da, die vom Schlagen der Brüste in Trauer ermatteten Hände
strecke ich trostlos aus über das riesige Meer!
Da, meine Haare, soweit sie noch da sind, zeig ich dir traurig!
Bei diesen Tränen da, fleh ich, der Frucht deiner Tat:
Wende, Theseus, dein Schiff und kehre zurück, wenn der
  Wind dreht!
Bin ich zuvor bereits tot, nimm die Gebeine mit dir!«[3]

Während Ovid Ariadnes Brief mit ihrem Flehen um Rückkehr enden lässt, gibt Catull einen Ausblick auf ihre Rettung. Doch vorab schildert auch er in einem seiner Gedichte das Geschehen und die emotionale Verfasstheit der Heldin einfühlsam:

»Denn vom wogenrauschenden Strand Dias Ausschau haltend,
erblickt den mit der schnellen Flotte entweichenden Theseus,
unbändige Leidenschaft im Herzen tragend, Ariadne, [...]
Weit in die Ferne blickt ihm
  vom tangbedeckten Strand aus Minos' Tochter
mit traurigen Augen nach –
  wie das steinerne Bild einer Bacchantin – ach!,
blickt ihm nach und fließt über
  von mächtigen Wogen des Kummers.«

Die ganze Bitternis ihrer Erfahrung fließt nun in die Empfehlung:

[3] *Publius Ovidius Naso, Liebesbriefe. Heroides – Epistulae*, hg. u. übers. v. Bruno W. Häuptli, Zürich 1995, Brief 10, Ariadne an Theseus, S. 94–103, hier zit. Verse 1f., 111–118, 145–150.

Der Faden der Ariadne

*»Jetzt soll keine Frau mehr einem schwörenden Mann glauben,
keine hoffen, die Reden eines Mannes seien vertrauenswürdig.«*
Der Wandel von Trauer in Freude findet schließlich unerwartet im letzten Teil des Gedichts statt:
*»Sie blickte damals traurig hinaus auf den entweichenden Kiel
und wälzte, tief verletzt, in ihrem Herzen
    mancherlei sorgenvolle Gedanken.
Doch von der anderen Seite flog blühend heran Iakchos
mit seiner Schar von Satyrn und den in Nysa geborenen Silenen,
dich suchend, Ariadne, von Liebe zu dir entbrannt.«*[4]

Neben den Texten stand den Künstlern des 18. Jahrhunderts eine reiche bildliche Überlieferung des Ariadne-Mythos zur Verfügung.[5] Bereits in der Antike entstanden Motive, die über Jahrhunderte hinweg ihre Gültigkeit behielten und vielfach dargestellt wurden. In der Vasen- und Wandmalerei, auf Sarkophagen und Mosaiken finden sich sowohl vielfigurige als auch einfigurige Szenen. Dargestellt wird, wie Ariadne Theseus den Faden reicht, ihm im Kampf gegen den Minotauros zur Seite steht, wie sie von ihrem Geliebten verlassen oder durch Bacchus gerettet wird. Seit der Renaissance wurde der Mythos erneut intensiv rezipiert. Künstler wie Tizian, Jacopo Tintoretto oder Annibale Carracci widmeten dem Thema repräsentative Darstellungen, die Eingang in den Palazzo der Familie d'Este in Ferrara, den Dogenpalast in Venedig sowie den Palazzo der Farnese in Rom fanden. Sie zeigen bevorzugt den Triumph von Bacchus und Ariadne im Kreise der Mänaden und Satyrn, doch entstanden zunehmend auch Kompositionen, die auf wenige Figuren konzentriert waren.

    Angesichts der Popularität des Ariadne-Mythos und seiner großen Präsenz in der italienischen Kunst wundert es nicht, dass sich Angelika Kauffmann bereits als junge Künstlerin mit diesem Thema beschäftigte. Das erste Gemälde mit Bacchus und Ariadne schuf sie 1764 in Rom (→ S. 19); weitere Kompositionen und Variationen der

[4] *C. Valerius Catullus, Carmina. Gedichte, hg. u. übers. v. Niklas Holzberg, Sammlung Tusculum, Düsseldorf 2009, 64. Gedicht, S. 106–137, Verse 52ff., 60ff., 143f., 249–253.*
[5] *Einen Überblick über die Darstellungen bis zum Beginn der Frühen Neuzeit gibt: Silke Köhn, Ariadne auf Naxos. Rezeption und Motivgeschichte von der Antike bis 1600, München 1999.*

Geschichte folgten. Zu ihnen gehört ein Bild der von Theseus auf Naxos zurückgelassenen jungen Frau, das 1774 in der Londoner Royal Academy of Arts ausgestellt wurde und sich heute im Museum of Fine Arts in Houston befindet (→ S. 27). Ein weiteres Gemälde, das Ariadne in tiefer Verzweiflung zeigt, gelangte 1782 in die Dresdner Galerie (→ S. 35). Im Auftrag des Engländers Thomas Noel-Hill, 2nd Lord Berwick, entstand Anfang der 90er-Jahre eine weitere Darstellung der Begegnung von Bacchus und Ariadne (→ S. 39).

Die vier genannten Werke stehen stellvertretend für die wiederholte Beschäftigung der Künstlerin mit dem Ariadnemythos und werden im Folgenden ausführlicher vorgestellt. Sie umspannen dreißig Jahre ihres Schaffens und vermitteln somit exemplarisch eine Vorstellung von ihrer künstlerischen Entwicklung. Gerade aufgrund der thematischen Kontinuität sensibilisiert die vergleichende Betrachtung für Akzentverschiebungen innerhalb der Bilderzählung. Immer neue ikonographische und stilistische Bezüge zeigen nicht nur Angelika Kauffmanns vielfältige Bildsprache. Sie veranschaulichen ihr Bestreben, die Geschichte immer wieder neu zu durchdenken und zu erfinden.

Blickwechsel

Im Januar 1763 erreichte Angelika Kauffmann nach Aufenthalten in Mailand, Parma, Modena, Bologna und Florenz in Begleitung ihres Vaters, des Malers Johann Joseph Kauffmann, die Ewige Stadt. Sie nutzte ihre Reise zum intensiven Studium der Alten Meister und kopierte Werke von Correggio, Raffael, Tizian, Guido Reni, Annibale Carracci, Domenichino, Guercino und Anthonis van Dyck, die auch der klassizistische Maler Anton Raphael Mengs in seinen »Regeln für Lehrer bey dem Unterricht in der Malerei, und für Schüler zum richtigen Erlernen derselben« empfohlen hatte.[6] In Rom entstanden herausragende Porträts von bekannten Persönlichkeiten wie dem englischen Erfolgsschauspieler David Garrick und dem Altertumsforscher Johann Joachim

[6] *Vgl. Bettina Baumgärtel, Die Italienreise*, in: Baumgärtel 1998, S. 114f., hier S. 114.

Der Faden der Ariadne

Angelika Kauffmann: Bacchus entdeckt die von Theseus verlassene Ariadne auf Naxos
1764 / Öl auf Leinwand / 1660 x 1250 mm
Kunstbesitz der Landeshauptstadt Bregenz

Winckelmann. Sie sprechen für das große Ansehen der erst 22-jährigen Künstlerin. Ihre Ambitionen werden in den ersten Historiengemälden von mittlerer Größe sichtbar, die sie zeitgleich schuf. Sie lassen in der Monumentalität der Figuren, dem flächigen Farbauftrag und der gedämpften Farbigkeit den Einfluss der Bologneser Schule erkennen. In dieser Tradition steht auch »Bacchus entdeckt die von Theseus verlassene Ariadne auf Naxos«, das von George Bowles of Wanstead, Essex, in Auftrag gegeben wurde und sich heute in Bregenz befindet. Der englische Kunstliebhaber sollte in den Folgejahren noch zahlreiche Gemälde der Künstlerin erwerben, so dass seine Sammlung schließlich mehr als 50 ihrer Werke umfasste, die er zumeist auch nachstechen ließ.[7]

Angelika Kauffmann gelang mit ihrem frühen Ariadne-Bild eine ausdrucksstarke und ausgewogene Komposition, in der sich ihr Gespür für die Wahl des entscheidenden Moments innerhalb der Geschichte zeigt. Sie konzentrierte sich auf die erste Begegnung von Bacchus und Ariadne, die ihren Höhepunkt im direkten Blickkontakt der beiden erreicht. Der Betrachter wird durch die gezielte Beleuchtung auf die Zweiergruppe gelenkt. Bacchus – mit einem Kranz aus Weinlaub geschmückt und mit einem pantherfellbesetzten Überwurf bekleidet – naht sich der im Schutz eines Felsens sitzenden Ariadne in einer impulsiven Bewegung. Diese hält ein Tuch in der Hand, mit dem sie sich wohl gerade noch die Tränen getrocknet hat, wendet ihr von Trauer gezeichnetes Gesicht jedoch bereits dem Ankommenden zu. Ein Ausweichen scheint kaum möglich: Bacchus tritt von vorn dicht an sie heran, während der aufragende Felsen hinter ihr eine natürliche Grenze bildet. Seine offene und schwungvolle Bewegung wird durch die Diagonale des Thyrsosstabs unterstrichen. Angesichts dieser entschiedenen Pose wirkt Ariadne verhalten. Im Unterschied zu Darstellungen anderer Maler des 18. Jahrhunderts wie Giovanni Antonio Pellegrini, Giambattista Pittoni, Charles Joseph Natoire oder auch Pompeo Batoni,

[7] Wendy Wassyng Roworth, Kauffman and the Art of Painting in England, in: Dies. (Hg.), Angelica Kauffman. A Continental Artist in Georgian England, The Royal Pavillon, Art Gallery & Museums Brighton, London 1993, S. 11–95, hier S. 67. David Alexander, »The whole world is angelicamad«. Angelika Kauffmann und der Markt für Druckgraphik im 18. Jahrhundert, in: Baumgärtel 1998, S. 73–78, hier S. 77.

die in vergleichbarer Weise die beiden Hauptpersonen einander gegenüberstellten, öffnet sich Ariadne jedoch nicht vollständig: Ihr linker Arm, in dem die unmittelbar vorher eingenommene Pose noch nachklingt, liegt wie schützend vor ihrem Körper. Die Armhaltung erinnert an die lagernde Frauenfigur am rechten unteren Bildrand in Annibale Carraccis monumentalem Deckengemälde »*Der Triumph der Ariadne und des Bacchus*« im Palazzo Farnese. Diese führt in der Art einer rhetorischen Figur in die bewegte Komposition ein und vollzieht spiegelbildlich die Körperdrehung der Ariadne, die sich gemeinsam mit Bacchus von Mänaden und Satyrn feiern lässt. Die Gestalt von Kauffmanns Ariadne folgt zudem den Frauenfiguren von Guido Reni, beispielsweise seiner »*Büßenden Magdalena*« oder »*Europa auf dem Stier*«. Die Kopfhaltung und das wehende Haar rufen eine mehrfigurige Komposition des hoch geschätzten Bologneser Malers in Erinnerung, die die Begegnung von Ariadne und Bacchus zeigt.[8] Diese motivischen Anleihen zeugen von der intensiven Auseinandersetzung und dem souveränen Umgang der jungen Künstlerin mit der italienischen Kunst.

Angelika Kauffmann verweist auf die entscheidende Wende, die sich innerhalb der Geschichte vollzieht und in der eine besondere Schwierigkeit für ihre Darstellung liegt: Die Trauer der Ariadne verwandelt sich mit der Ankunft des Gottes in neue Hoffnung. Für die glaubhafte Wiedergabe dieser Veränderung nutzte die Künstlerin vor allem Gestik und Mimik, deren Einsatz im 18. Jahrhundert intensiv diskutiert wurde. Schon früh sah man in der Wiedergabe widerstreitender Gefühle eine besondere Herausforderung für den bildenden Künstler, stand ihm doch – anders als dem Schauspieler oder Rhetoriker – keine Folge von Gebärden zur Verfügung, die sich in der Zeit entfalten konnten. Vielmehr musste er sich auf eine einzige Geste beschränken. Empfohlen wurde dafür das Studium der Stummen, deren gestische und mimische Ausdruckskraft besonders deutlich ausgeprägt schienen.

[8] *Vgl. Sybille Ebert-Schifferer/ Andrea Emiliani/Erich Schleier, Guido Reni und Europa. Ruhm und Nachruhm, Frankfurt, Schirn-Kunsthalle, Frankfurt a.M. 1988, A 18 (»Büßende Magdalena«), Abb. 23, S. 63 (Nachstich von Renis »Europa auf dem Stier«), C 18 (»Bacchus und Ariadne auf Naxos«, Nachstich von Jacob Frey d.Ä.).*

Pompeo Batoni: Bacchus und Ariadne
1769/73 / Öl auf Leinwand / 2230 x 1480 mm
Privatsammlung

Charles-Antoine Coypel, Direktor der Königlichen Akademie in Paris und »*premier peintre du Roi*«, nannte in einem Akademievortrag 1749 beispielhaft »*Die Geburt des Dauphin*« aus dem Medici-Zyklus von Peter Paul Rubens als gelungene Umsetzung eines solchen Konflikts: Die Schmerzen der Geburt seien ebenso wie die Freude angesichts des neu geborenen Kindes dargestellt.[9] Eine solche Differenzierung der unterschiedlichen, den Menschen gleichzeitig beherrschenden Emotionen diente zum einen der überzeitlichen Veranschaulichung des Bildgeschehens und bildete zum anderen die Voraussetzung des »*movere*«, der Fähigkeit, den Betrachter zu bewegen.[10] Die notwendige Beschränkung der Malerei auf eine einzige Geste musste dabei nicht als Defizit erscheinen, sondern begründete im Gegenteil ihre hohe Wertschätzung, da sie gerade durch die Zuspitzung in der Lage sei, die Schauenden zu Tränen zu rühren.[11] Das Werk Angelika Kauffmanns zeichnet sich in besonderer Weise durch eine an solchen Maßstäben geschulte »*körperliche Beredsamkeit*« aus. Dem Umschlagen der Emotionen verlieh sie im Bregenzer Bild zum einen durch die Bewegung der Ariadne Ausdruck, in deren Verhaltenheit ein letztes Zögern sichtbar bleibt. Zum anderen scheint sie in den Gesichtszügen der Dargestellten die Verbindung von »*Tristesse*« und »*Esperance*« zu suchen, wie sie Charles Le Brun in seinen Ausdrucksköpfen vorbildhaft formuliert hatte.[12]

Die besondere Qualität dieses frühen Historienbildes liegt in der überzeugenden Wiedergabe der spannungsgeladenen Situation auf der Grenze zwischen Trauer und Glück, die es selbst über die routinierte Könnerschaft eines Pompeo Batoni erhebt. Der in Rom lebende Künstler, dessen Werke sich bei den englischen Reisenden großer Beliebtheit erfreuten, stellte das Motiv einige Jahre später in einer Komposition dar, die eine erstaunlich große Ähnlichkeit mit dem Bild Angelika Kauffmanns zeigt.[13] Dennoch führen die Unterschiede im Detail zu einer leichten Verschiebung der Situation, in der die Distanz zwischen den

[9] *Thomas Kirchner, L'expression des passions. Ausdruck als Darstellungsproblem in der französischen Kunst und Kunsttheorie des 17. und 18. Jahrhunderts, Mainz 1991, S. 150.*
[10] *Dazu u.a. Abbé Du Bos, vgl. Kirchner 1991, S. 62f.*
[11] *So äußerte sich Abbé Charles Batteux, dessen Schriften durch Gottsched und Schlegel in Deutschland bekannt gemacht wurden. Ulrich Rehm, Stumme Sprache der Bilder. Gestik als Mittel neuzeitlicher Bilderzählung, München/Berlin 2002, S. 144.*
[12] *Kirchner 1991, Abb. 18, S. 101 u. Abb. 35, S. 143.*
[13] *Dazu Baumgärtel 1998, Nr. 25, bes. Anm. 2.*

Angelika Kauffmann: Praxiteles schenkt Phryne seine Amor-Statue
1794 / Öl auf Leinwand / 433 x 484 mm
Museum of Art, Rhode Island School of Design, Museum Works of Art Fund, Providence

beiden Hauptpersonen noch weiter zurückgenommen ist. Batoni mindert die Spannung des Geschehens: Bacchus entzieht Ariadne das Tuch, mit dem sie ihre Tränen getrocknet hat, während diese sich dem ihr Entgegenkommenden deutlicher öffnet. Überdies lassen die beiden mit Pfeil und Bogen ausgestatteten Putten keinen Zweifel am Ausgang der Geschichte. Angelika Kauffmann hingegen verzichtet auf ihre Vermittlung, die sie in anderen Darstellungen durchaus zur Unterstützung der Handlung einsetzt. Sie vertraut auf die Intensität des Blickkontakts.

Die in dem Blick zwischen Ariadne und Bacchus liegende Verbindung von Sehen und Lieben machte die Künstlerin in einem viele Jahre später ebenfalls im Auftrag von George Bowles entstandenen Gemälde explizit zum Thema. Erzählt wird die Geschichte des antiken Bildhauers Praxiteles, der seiner Liebe zu Phryne in einem kleinen Amor Ausdruck verlieh. Die schöne Frau hatte ihm für die Knidische Aphrodite Modell gestanden, die zu den berühmtesten Werken des Künstlers zählt. Interessanterweise wird auch eine Inschrift der kleinen Skulptur überliefert, die dem Putto die folgenden Worte in den Mund legt: »*Ich hingegen wecke die Leidenschaft nicht länger, indem ich Pfeile schieße, sondern indem ich Blicke werfe.*«[14] Zum einen symbolisiert das Werk des Praxiteles im Bild also die Liebe des Bildhauers zu seinem Modell. Zum anderen verweist der beigegebene Wortlaut den Betrachter auf die Bedeutung des intensiven Blicks der Liebenden, der zudem von erläuternden Handbewegungen begleitet wird. Wir haben es in dieser Geschichte mit einer mehrfachen Motivübertragung zu tun, die im Gemälde fortgesetzt wird: Der Künstler verliebt sich bei der intensiven Betrachtung während der Arbeit an seiner Aphrodite in sein Modell Phryne. Er schenkt ihr ein Kunstwerk als Pfand seiner Liebe, das um die Kraft des Sehens weiß. Und man könnte nun weiter fragen: Wenn Leidenschaft durch das gezielte Schauen entsteht, welcher Bereich wäre dann besser geeignet, sie auszulösen, als die bildende Kunst?

[14] *Zit. n. Angela Rosenthal, Angelica Kauffman. Art and Sensibility, New Haven/ London 2006, S. 46, Abb. 19.*

Schönheit

Zehn Jahre nach dem ersten Ariadne-Bild gab George Bowles ein weiteres Gemälde zum Thema in Auftrag. Die vergleichsweise kleinformatige Darstellung entstand in England, wo Angelika Kauffmann seit 1766 lebte und arbeitete. Als anerkannte Historienmalerin gehörte sie 1768 zu den Gründungsmitgliedern der Royal Academy unter dem Direktorat von Joshua Reynolds, dem sie persönlich verbunden war. Sie beteiligte sich in den folgenden Jahren regelmäßig an den Akademieausstellungen und präsentierte dort 1774 ihre Ariadne gemeinsam mit vier weiteren Bildern zu klassischen Themen und zwei Porträts.[15]

Die Darstellung zeigt im Vergleich mit dem Bregenzer Gemälde einen früheren Moment innerhalb der Geschichte und beschränkt sich auf eine Einzelfigur. Das Zentrum bildet Ariadne, die auf ein mit kostbaren Stoffen bedecktes Lager gebettet ist. Sie trägt ein schlichtes weißes Gewand, dessen besonderer Reiz in der Feinheit des leichten, zum Teil durchscheinenden Stoffes liegt. Die junge Frau ist mit einem Haarband und einigen Armreifen geschmückt, doch zeigt das geöffnete Kästchen neben ihr weitere Kostbarkeiten, darunter eine Perlenkette. In der Ferne ist das Schiff des Theseus zu erkennen. Ihm gelten die ausgestreckten Arme Ariadnes – die an Ovids Verse erinnern –, auch wenn sie den Kopf bereits abgewandt hat. Die Bilderzählung ist auf das Minimum dieser ausgreifenden Geste reduziert. In ihr klingt das sehnsuchtsvolle Verlangen nach, das Ariadne mit dem Geliebten verbindet.

Die Haltung stimmt mit der Rhetorik des zeitgenössischen Theaters überein. Ein im Theaterkalender des Jahres 1776 publizierter Kupferstich zu dem Melodram »*Ariadne auf Naxos*« von Johann Christian Brandes, das im Vorjahr in Gotha uraufgeführt worden war, zeigt dies beispielhaft: In der Rolle der Ariadne steht die Schauspielerin Esther Charlotte Brandes am Strand und wendet sich mit erhobenen Armen leicht zurück, so dass der Bezug zu dem sich entfernenden Theseus deutlich sichtbar wird.[16]

[15] *Victoria Manners / George Charles Williamson, Angelica Kauffmann. Her Life and her Works*, London 1924, S. 41.
[16] *Hans Ost, Melodram und Malerei im 18. Jahrhundert. Anton Graffs Bildnis der Esther Charlotte Brandes als Ariadne auf Naxos*, Kassel 2002, Abb. 4 u. S. 27.

Der Faden der Ariadne

Angelika Kauffmann: Ariadne, von Theseus verlassen
1774 / Öl auf Leinwand / 638 x 910 mm
The Museum of Fine Arts, Houston; Gift of Mr. and Mrs. Harris Masterson III
in memory of Neill Turner Masterson, Jr.

In der Konzentration auf eine Einzelfigur ist Angelika Kauffmanns Gemälde einer Antike vergleichbar, die heute ebenfalls als Ariadne bezeichnet wird. Sie zählte zu den beliebtesten Skulpturen des 18. Jahrhunderts und ist in zahlreichen Grand-Tour-Porträts von Künstlern wie Pompeo Batoni dargestellt worden. Eine der erhaltenen Repliken des hellenistischen Werkes wurde bereits unter Papst Julius II. Anfang des 16. Jahrhunderts im Belvedere des Vatikan aufgestellt, zeitgenössische Kopien und Abgüsse fanden Eingang in zahlreiche englische Sammlungen. Lange Zeit galt die Darstellung der schlafenden Frau aufgrund ihres Schlangenarmbandes als Kleopatra, doch konnte die Bezeichnung 1784 durch Ennio Quirino Visconti korrigiert werden.[17] Begründet liegt diese Unsicherheit in der Benennung im Verzicht auf eine Handlung und auf erläuternde Attribute. Die Vereinzelung der Figur wurde gerne als »Entmythologisierung« bezeichnet, und dabei wurde übersehen, dass ihre Haltung den antiken Betrachtern aus zahlreichen szenischen Darstellungen des Mythos wohl vertraut gewesen sein dürfte.[18]

Angelika Kauffmann war die Skulptur gut bekannt. Sie zitierte sie unter anderem in ihrer Darstellung der schlafenden Penelope aus dem Jahr 1772, die sich im »vorarlberg museum« in Bregenz befindet. Im Unterschied zu der völligen Handlungslosigkeit, die das plastische Werk kennzeichnet, fügt die Künstlerin ihrer Komposition eine Dienerin hinzu. Diese weckt die Schlafende, um ihr die lang ersehnte Rückkehr des Odysseus mitzuteilen. Bedenkt man die Verwendung der antiken Vorlage für die Penelope, so lässt sich ihr bevorstehendes Erwachen als eine Verlebendigung der Skulptur in der Malerei verstehen – eine Assoziation, die durch die akzentuierte Beleuchtung der Szene, die an die bei den Zeitgenossen beliebte Betrachtung der Skulpturen bei Fackelschein erinnert, verstärkt wird. Diese Zurückhaltung im Herstellen von erzählerischen

[17] *Dazu ausführlich Claudia Marie Wolf, Die schlafende Ariadne im Vatikan. Ein hellenistischer Statuentypus und seine Rezeption, Hamburg 2002, hier S. 1f.*

[18] *Ebd., S. 213ff.*

Der Faden der Ariadne

Die schlafende Ariadne, Replik eines Werkes Ende 3./2. Jahrhundert v. Chr., Rom, Vatikan
Aus: Angela Rosenthal, Angelica Kauffman. Art and Sensibility, New Haven/London 2006, Abb. 16

Zusammenhängen kennzeichnet auch die Darstellung der Ariadne, die lediglich in ihrer Gestik auf Vergangenes verweist. Die Verwandtschaft des Liegemotivs mit der Skulptur jedoch ist nur allgemeiner Art; von größerer Bedeutung für die Komposition war möglicherweise eine antike Wandmalerei, die bei den Ausgrabungen in Herculaneum gefunden worden war. Eine 1760 erschienene Publikation mit Nachstichen der Wandgemälde enthielt das Bild einer verlassenen Ariadne, das deutliche Parallelen zu Angelika Kauffmanns Darstellung zeigt: Ariadne lagert auf einer Art Bettstatt und blickt dem Schiff des Theseus nach.

Im Unterschied zu der jungen Frau des antiken Bildes trägt Kauffmanns Ariadne ein dünnes Gewand, das die Körperkonturen nachzeichnet und unter dessen goldbesetztem durchscheinenden Tuch ihre Brust hindurchschimmert. An Venus erinnert nicht nur das querformatige Liegemotiv, sondern auch das Schmuckkästchen im Vordergrund, das sich wiederholt in Darstellungen der Göttin findet und auch in dem Porträt einer Frau als Venus von Angelika Kauffmann wiederkehrt.[19] Es erscheint somit als weiterer Hinweis auf die venusgleiche Schönheit der antiken Heldin.[20]

Angelika Kauffmann verleiht ihrem Gemälde der trauernden Ariadne eine exotische Anmutung. Sie kleidet die junge Frau in ein schlichtes antikisierendes Gewand aus dünnem, mit Goldborten besetztem Stoff. Ihre Lagerstatt ist am Kopfende durch eine Rolle erhöht und mit einem kostbaren Tuch überzogen, auf dem eine rote Decke mit goldenen Fransen liegt. Mit diesen Accessoires stellt die Künstlerin eine Verbindung zu den Frauenbildnissen in orientalisierenden Gewändern her, die sie seit Anfang der 70er-Jahre schuf.[21] Die exotischen Kostüme waren in England vor allem durch die Veröffentlichung der Reisebriefe von Lady Mary Wortley Montagu 1763 populär geworden, in denen die Autorin die orientalische Welt zu einem idealen Raum weiblicher Selbstbestimmung stilisierte. Montagu betrachtete den Schleier als einen Schutz vor dem

[19] »Bildnis Lady Smith (?) als Venus«, Szépművészeti Múzeum, Budapest. Eine Venus mit Schmuckkästchen zeigt u.a. auch Annibale Carraccis Gemälde in der National Gallery of Art, Washington.
[20] Peter Walch hat das Kästchen als Hinweis auf die bevorstehende Hochzeit mit Bacchus gedeutet. Vgl. Edgar Peters Bowron / Mary G. Morton, Masterworks of European Painting in the Museum of Fine Arts, Houston / Princeton 2000, S. 122ff., hier S. 124, Anm. 9.
[21] Dazu u.a. Rosenthal 2006, S. 123–153. Viktoria Schmidt-Linsenhoff, Häuslichkeit und Erotik. Angelika Kauffmanns Haremsphantasien, in: Baumgärtel 1998, S. 60–68.

Der Faden der Ariadne

Ariadne auf Naxos, Kupferstich, in: Le Pitture Antiche D'Ercolano, Neapel 1760
Aus: Hans Ost, Melodram und Malerei im 18. Jahrhundert. Anton Graffs Bildnis der Esther Charlotte Brandes als Ariadne auf Naxos, Kassel 2002, Abb. 1

männlichen Blick, schilderte den Baderaum als geradezu paradiesische Idylle und hob die ökonomische Freiheit der türkischen Frauen hervor. Schon bald gehörten Maskenbälle mit Damen in phantastischen orientalischen Kostümen zu den populären Vergnügungen der Londoner Gesellschaft. In der Öffentlichkeit wurden die Kleider außerhalb dieser Feste nicht getragen, doch waren sie im häuslichen Umfeld durchaus beliebt. Bis in die Details der Gewänder folgte Angelika Kauffmann in ihren Porträtbildern der in den obersten türkischen Gesellschaftsschichten verbreiteten Mode, zeigte ihre Modelle in Pumphosen oder reich verzierten Roben. Das Ariadne-Bild zeigt zwar keine vergleichbare modische Vielfalt, doch deutet die Künstlerin das Fremdländische durch die wiedergegebenen Stoffe an und lässt ihre Heldin in kräftigen Weiß-, Rot- und Goldtönen vor der gedämpften Landschaft erstrahlen.

Dem Historienbild ähnelt ein im Jahr zuvor entstandenes, unwesentlich kleineres Bildnis einer jungen Frau, das die Komposition der Ariadne spiegelbildlich vorwegnimmt. Bequem auf ihrem Lager sitzend, ist die Dargestellte in die Betrachtung eines Miniaturbildes versunken. Der Vorhang impliziert eine Intimität des weiblichen Raumes, die im Ariadne-Bild durch den Felsen lediglich angedeutet wird. Auch die porträtierte Frau ist allein, doch braucht sie den Verlust eines Liebhabers nicht zu beklagen. Er ist im Bildnis dauerhaft anwesend. Die Bezeichnung auf einem Nachstich, der 1777 veröffentlicht wurde, verweist auf eine besondere Lesart des Bildes. Sie lautet: »*True Constancy no time, no Power can move, / He that hath known to change, ne'er knew to love.*«[22] Die Darstellung wird der Erläuterung zufolge zum Inbegriff der Beständigkeit, die als unabdingbare Voraussetzung der Liebe erscheint. Die Wiederaufnahme des Bildmotivs in einem Historienbild, das gerade von der Unbeständigkeit erzählt, mutet vor diesem Hintergrund fast paradox an.

[22] *Zit. n. Rosenthal 2006, Abb. 70, S. 145f.*

Der Faden der Ariadne

Angelika Kauffmann: Eine junge Dame, das Bildnis ihres Liebhabers betrachtend
1773 / Öl auf Leinwand / 615 x 745 mm
Privatsammlung

Das orientalische Ambiente, das im Porträt den Eindruck privater Zurückgezogenheit assoziieren lässt, verweist in der Darstellung der Ariadne auf die räumliche und zeitliche Entfernung, in der die Geschichte angesiedelt ist. Zugleich wird der Betrachter Zeuge eines Moments größter Intimität: Die Trauer der Verlassenen scheint trotz der ausgreifenden Geste beherrscht. Ihre Schönheit fordert den Betrachter nicht heraus, wie es in einem offensiven Bildnis der französischen Künstlerin Elisabeth Vigée-Lebrun zu beobachten ist, die Lady Hamilton lasziv ausgestreckt als bacchantische Ariadne zeigt, den Blick aus dem Bild gewandt.[23] Vielmehr eröffnet Angelika Kauffmann die Möglichkeit einer unbemerkten Annäherung. Der Verzicht auf die Darstellung des Bacchus, dem in dem frühen Bregenzer Bild entscheidende Bedeutung zukam, bietet dem Schauenden die Chance, seinen Platz einzunehmen und die Schöne von ihrer Trauer zu befreien.

Verzweiflung

Vermutlich nur wenige Jahre nach der Ariadne des Houston Museum of Fine Arts entstand eine weitere Variante des Themas, die bereits 1782 in die Dresdner Gemäldegalerie gelangte. Wiederum zeigt Angelika Kauffmann Ariadne allein, dem Schiff des Theseus nachblickend. Wie in dem frühen Ariadne-Bild von 1764 liegt das Tuch, das die junge Frau im Schlaf bedeckt hat, noch über ihren Knien. Die ruhige Trauer ist einer tiefen Erregung gewichen. Die äußeren Umstände betonen Ariadnes Verzweiflung: Das Kleid ist in der raschen Wendung verrutscht und lässt ihre Brust sichtbar werden, das auswehende Haar unterstreicht die Bewegung, die sie kurz nach dem Erwachen vollzieht und die ihr die Gewissheit des Verlassenseins bringt. In einer letzten sehnsuchtsvollen Geste hat sie die Arme erhoben, so wie es in dem Bild von 1774 zu sehen war. Das Bild spiegelt die Dramatik der Situation bis in die Beleuchtung und die Bildoberfläche, deren unruhiger Pinselduktus die innere Anspannung der Dargestellten nach außen zu kehren scheint. Es herrscht eine

[23] *Vgl. Ost 2002, Abb. 17.*

Der Faden der Ariadne

Angelika Kauffmann: Die von Theseus verlassene Ariadne
vor 1782 / Öl auf Leinwand / 880 x 705 mm
Gemäldegalerie Alte Meister, Staatliche Kunstsammlungen Dresden

gedämpfte Farbigkeit, wobei einzelne Töne sowohl in der Landschaft als auch bei der Figur verwendet werden und diese miteinander verbinden: Das Blau des Wassers und des Himmels findet sich vereinzelt auch in den Stoffen, das Graubraun des Felsens kehrt im Lager und in den Schattenpartien des weißen Gewandes und des rosé-farbenen Tuchs wieder.

Souverän setzt Angelika Kauffmann in diesem Bild stilistische Mittel ein, die in der englischen Malerei in besonderer Weise kultiviert wurden. So zeichnen sich die zeitgenössischen Porträts eines Joshua Reynolds oder Thomas Gainsborough ebenfalls durch einen offenen Pinselduktus und die enge Verbindung von Natur und Bildnis aus.

Kauffmann gelingt eine Darstellung von großer emotionaler Intensität. Die zugespitzte Gestik, die ausdrucksstarke Profilansicht und die bewegte Pinselsprache rufen den Betrachter zur Anteilnahme auf. In barocker Manier wird die dargestellte Emotion durch den heftig weinenden Putto zu Füßen der Ariadne verstärkt. Er weist den Grund der Trauer als eine Herzensangelegenheit aus. Die Verzweiflung der Ariadne erscheint dabei gleichsam als Indikator ihrer Empfindungskraft und Herzenstiefe. Sie selbst hat keinen Einfluss auf den Fortgang des Geschehens.

Die Darstellung der zurückgewandten verlassenen Geliebten ruft eine Passage aus Johann Joachim Winckelmanns 1764 erschiener »*Geschichte der Kunst des Altertums*« in Erinnerung. Dort heißt es: »*so konnte ich mich dennoch nicht enthalten, dem Schicksale der Werke der Kunst, so weit mein Auge ging nachzusehen. So wie eine Liebste am Ufer des Meeres ihren abfahrenden Liebhaber, ohne Hoffnung, ihn wiederzusehen, mit betränten Augen verfolgt und selbst in dem entfernten Segel das Bild des Geliebten zu sehen glaubt*«.[24] Das von Winckelmann verwendete Bild zur Beschreibung

[24] *Johann Joachim Winckelmann, Geschichte der Kunst des Altertums, Wien 1934, S. 393. Das Zitat wurde bereits mehrfach in Verbindung mit Kauffmanns Ariadne herangezogen, u.a. Astrid Reuter, Ariadne. Ein Mythos im Wandel. Zu Historienbildern Angelika Kauffmanns. Unveröffentlichte Magisterarbeit, Freiburg i. Br. 1995, S. 41; Baumgärtel 1998, Nr. 25.*

seiner Suche nach der unwiederbringlich verlorenen Blütezeit der Kunst ruft die Darstellungen der verlassenen Ariadne wach. Auch Angelika Kauffmann, die den Altertumsforscher 1764 in Rom porträtiert hatte, zeigt in ihrem Gemälde die Vergeblichkeit des Zurückwendens zu dem sich bereits entfernenden Geliebten.

Darstellungen der auf das Meer hinausschauenden einsamen Frau finden sich in der Malerei der folgenden Jahrzehnte häufig. Zum Inbegriff der Trauer über das verlorene antike Kunstideal wird das Motiv etwa einhundert Jahre später vor allem in den Iphigenie-Darstellungen von Anselm Feuerbach. Seiner Ansicht zufolge lässt sich künstlerische Vollendung einzig in der formalen und inhaltlichen Rückbesinnung auf die Antike erreichen.

Winckelmann bringt im unmittelbaren Anschluss an die zitierte Passage interessanterweise noch einen zweiten Mythos ins Spiel: »*Wir haben, wie die Geliebte, gleichsam nur einen Schattenriß von dem Vorwurfe unserer Wünsche übrig; aber desto größere Sehnsucht nach dem Verlorenen erweckt derselbe, und wir betrachten die Kopien der Urbilder mit größerer Aufmerksamkeit, als wie wir im Besitze von diesen nicht würden getan haben.*«[25] Diese Anspielung gilt der Geschichte der Dibutadis, Tochter eines Töpfers, die das Bild ihres Geliebten vor seinem Fortgang im Schattenriss festhielt und als Erfinderin der Porträtkunst in die Überlieferung einging. Die Liebe als Motivation für die Entstehung der Porträtmalerei und ihre Erfindung durch eine Frau gehörten im ausgehenden 18. Jahrhundert zu den in der Malerei ebenso wie in der Kunstkritik immer wieder rezipierten Künstlermythen. Angelika Kauffmann hat die Geschichte nicht dargestellt, doch spielt sie darauf an, wenn sie das gemalte Bildnis in ihren Porträts stellvertretend für eine abwesende Person einsetzt und zum Ausgangspunkt von Zwiesprache und Erinnerung macht.

[25] *Winckelmann 1934, S. 393.*

Die Beschäftigung mit mythologischen Gestalten fand in der Malerei des ausgehenden 18. Jahrhunderts nicht allein in der Historienmalerei statt. Zu den beliebten Formen der Nobilitierung des Porträts gehörte die Überblendung von Bildnissen konkreter Personen mit antiken Frauengestalten oder Göttinnen wie Penelope, Lukrezia, Dido oder Venus.

Auch Ariadne findet sich in diesem Zusammenhang wiederholt, wie das erwähnte Bildnis der Lady Hamilton von Vigée-Lebrun beispielhaft zeigt. Die aus einfachen Verhältnissen stammende junge Frau, die unter ihrem bürgerlichen Namen Emma Hart Künstlern wie George Romney in England Modell gestanden hatte und auch von diesem bereits als Ariadne dargestellt worden war, heiratete 1791 den englischen Gesandten am Hof von Neapel Lord Hamilton. Sie galt als Meisterin der »Attitüdenkunst«, der ausdrucksvollen körperlichen Umsetzung eines Affekts. Mit einer minimalen Ausstattung aus einer einfachen Tunika sowie mehreren Schals gelang es ihr, in schnell wechselnden Posen eine Reihe unterschiedlicher Emotionen und Charaktere darzustellen. Ihr Auftreten löste allseits Begeisterung aus und zählte zu den Höhepunkten der Abendgesellschaften. Nicht selten rührte sie die Betrachter mit ihren Darstellungen der tötenden Medea, einer sterbenden Niobe, der Hebe, Sibylle und Kleopatra oder auch der trauernden Ariadne zu Tränen.[26]

In der gesteigerten Ausdruckskraft von Gestik und Mimik folgten die »Einfigurenhistorien« wie Angelika Kauffmanns Dresdner Ariadne diesen Sehgewohnheiten. Die Künstlerin konnte für ihre Darstellungen, in denen sie eine ganze Geschichte auf eine einzige Emotion zuspitzte, ein sensibilisiertes Publikum voraussetzen. Malerei und Attitüde knüpften dabei in der Wiedergabe der Affekte an eine Diskussion an, die in der zweiten Hälfte des 18. Jahrhunderts vor allem im Hinblick auf die Schauspielkunst geführt wurde. Als wegweisend für eine Erneuerung des Theaters galt der emotionale Stil des englischen Schauspielers

[26] *Grundlegend: Birgit Jooss, Lebende Bilder. Körperliche Nachahmungen von Kunstwerken in der Goethezeit, Berlin 1999, bes. S. 103–115.*

Der Faden der Ariadne

Angelika Kauffmann: Die von Theseus verlassene Ariadne wird von Bacchus entdeckt
1794 / Öl auf Leinwand / 2465 x 1650 mm
Attingham Park, The Berwick Collection (The National Trust), Shropshire

David Garrick, dessen Bildnis Angelika Kauffmann 1764 in Rom gemalt hatte. Seine Technik wurde unter anderem in dem mehrbändigen, ab 1786 publizierten Werk »*Costumes et Annales des Grands Théatres*« von Jean Charles Charnois analysiert. Bezeichnenderweise fand hier als Illustration für eine der »*passions dramatiques*« – den Schmerz (»*la douleur*«) – das Bild der verlassenen Ariadne Verwendung.[27]

Kontemplation

Genau dreißig Jahre nach ihrem ersten Gemälde zum Ariadne-Mythos vollendete Angelika Kauffmann 1794 eine Darstellung des Themas, die der englische Italienreisende Thomas Noel-Hill, 2nd Lord Berwick, zusammen mit einem weiteren Historienbild und seinem Porträt bei ihr für sein Anwesen in Attingham in Auftrag gegeben hatte.[28] Die seit 1782 in Rom lebende Künstlerin, deren Haus als gesuchter Treffpunkt von Künstlern, Schriftstellern und Reisenden galt, konnte nun auf eine langjährige Beschäftigung mit dem Thema zurückgreifen.

Sie kombinierte die Darstellung der von Theseus verlassenen jungen Frau, wie sie das Gemälde aus Houston zeigt, mit der Ankunft des Bacchus, die sie im Bregenzer Bild erstmals formuliert hatte. Die Geschichte selbst wird über diese motivische Verbindung noch einmal neu erzählt. Bacchus nähert sich nun in Begleitung eines Amorknaben, der ihn an die Hand genommen hat und ihm die schlafende Ariadne zeigt. Mit aufforderndem Blick hebt er das schwere goldbraune Tuch an. Bacchus ist herangetreten, um die schöne Schlafende zu betrachten, und nimmt damit die Haltung ein, die in dem 1774 ausgestellten Bild dem Betrachter vorbehalten ist. Ariadne selbst bleibt die Ankunft des Gottes verborgen. Ihre Armbewegung gilt noch dem davoneilenden Theseus und wirkt angesichts des neben ihr stehenden Gottes unvermittelt.

[27] Peter Johannes Schneemann, *Geschichte als Vorbild. Die Modelle der französischen Historienmalerei 1747–1789*, Berlin 1994, Abb. 50 u. S. 132–141.
[28] Zu Lord Berwick vgl. John Ingamells, *A Dictionary of British and Irish Travellers in Italy 1701–1800*, New Haven/London 1997, S. 87f.; Roworth 1993, S. 93f.

Angelika Kauffmann macht die kontemplative Betrachtung in diesem Gemälde zum eigentlichen Bildthema und folgt darin Künstlern wie Correggio oder auch Thomas Gainsborough.[29] Sie verzichtet auf die Tragik, die das Dresdner Bild deutlich beherrscht. Auch im Pendant des Gemäldes – das Euphrosyne und Venus zeigt – werden die Verletzungen der Liebe eher spielerisch dargestellt. Illustriert wird eine Szene aus dem Drama »*Le grazie vendicate*« des zeitgenössischen Dichters Pietro Metastasio: Euphrosyne beklagt sich bei Venus über eine von Amor zugefügte Verwundung.

In das Bildnis von Lord Berwick, das den Auftrag komplettierte, fügte Angelika Kauffmann eine Antike ein, die den Dargestellten als Kunstliebhaber zeigt und den gemeinhin mit der Reise verbundenen Bildungshintergrund veranschaulicht.[30] Auf einem hohen Piedestal steht der Medici-Krater, eine der berühmtesten antiken Vasen aus der 2. Hälfte des 1. Jahrhunderts v. Chr., der sich seit 1780 in der Villa Medici befand. Ein Ausschnitt des schmückenden Reliefs, der eine in sich zusammengesunkene Frauengestalt und einen im Kontrapost stehenden Mann zeigt, ist in den beiden Historien frei variiert.

Die Ariadne dieses späten Gemäldes erinnert an Darstellungen ohnmächtiger Frauen, die in idealer Weise die weibliche Gefühlsintensität verkörpern. Zum anderen evoziert sie das Bild Sterbender, die zur Wiederherstellung einer verlorenen Ordnung geopfert wurden.[31] Im Schlaf der Ariadne vereinen sich beide Aspekte: Er wird zum Zeichen der durch die vorangegangene emotionale Erregung hervorgerufenen Erschöpfung und bildet zugleich eine notwendige Schwelle zum Neubeginn. Zudem entfaltet sich die Schönheit der antiken Heldin gerade in der Ruhe. Die Trauernde liegt zu Füßen des Bacchus und steht als Projektionsfläche seiner Wünsche zur Verfügung. Die Liebe entsteht nicht mehr im Blickwechsel, sondern einseitig in der kontemplativen Betrachtung des Gottes.

[29] *Correggio, »Venus, Cupido und Satyr«, Musée du Louvre, Paris. Thomas Gainsborough, »Haymaker and Sleeping Girl«, 1785, The Museum of Fine Arts, Boston.*
[30] *»Euphorsyne Wounded by Cupid, Complaining to Venus« und »Thomas Noel-Hill, 2nd Lord Berwick«, beide Attingham Park, Shorpshire. Vgl. Roworth 1993, Abb. 60 u. 62, S. 75 u. S. 77.*
[31] *Vgl. Angelika Kauffmanns Darstellungen der Oktavia, die bei der Lektüre Vergils in Ohnmacht fällt, und der Alkestis, die sich für ihren Mann Admetos opfert; Baumgärtel 1998, Nr. 231, 238.*

Die Inspiration der Künstlerin

Die vier ausgewählten Ariadne-Bilder Angelika Kauffmanns führen exemplarisch den Umgang der Künstlerin mit einem Bildthema vor Augen. Jede erneute Beschäftigung mit dem Sujet zog motivische und formale Variationen und folglich inhaltliche Verschiebungen nach sich. Ebenso wie ihre zeitgenössischen Kollegen konzentrierte sie sich vor allem auf die Trauer der Ariadne und ihre Rettung durch Bacchus. Doch verzichtete die Künstlerin auf repräsentative vielfigurige sowie auf festlich jubelnde Szenen, wie sie im Barock überaus beliebt waren.

In der Konzentration auf Einzelfiguren bzw. Zweiergruppen kommt der Betrachter den Dargestellten besonders nahe, rückt die Historie in die Nähe des Genres sowie des Porträts. Dennoch klingen in Angelika Kauffmanns Bildern Handlungsmomente an, die eine Verbindung zu Vorangegangenem oder Künftigem herstellen, sei es durch die Haltung, eine Geste oder ein Motiv wie das Anheben des Vorhangs. Auf die Bedeutung der »*Darstellung des Moments*«, durch das ein Werk den Betrachtern »*immer wieder neu lebendig*« wird, hatte nicht zuletzt Goethe in seiner 1798 veröffentlichten Schrift »*Über Laokoon*« hingewiesen.[32]

Zwei Stiche aus dem Jahr 1778 gehen auf ein Gemäldepaar Angelika Kauffmanns zurück, das aus einer Variante der Dresdner Ariadne und einer Darstellung der Dichterin Sappho bestand.[33] Von zwei Frauen erzählend, die von ihren Geliebten verlassen wurden, eignen sich die beiden Geschichten in besonderer Weise als Pendants. Während Ariadne jedoch von Bacchus gerettet und mit neuer Liebe erfüllt wird, stürzt sich die verzweifelte Sappho vom Leukadischen Felsen. Ovid schildert in seiner 15. Heroide die dargestellte Szene: In einem Abschiedsbrief an den Schiffer Phaon, ihren Geliebten, verleiht die Verlassene ihrer Trauer und ihrer Verzweiflung Ausdruck. Im Bild, das hier in einer anderen Fassung gezeigt ist, werden Verse der so genannten Aphrodite-Ode zitiert, in der es heißt:

[32] *Johann Wolfgang von Goethe, Über Laokoon, in: Goethes Werke, Band XII, Schriften zur Kunst, Schriften zur Literatur, Maximen und Reflexionen, textkritisch durchgesehen v. Erich Trunz u. Hans Joachim Schrimpf, kommentiert v. Herbert von Einem u. Hans Joachim Schrimpf, München 1998, S. 56–66, hier S. 59f.*

[33] *Stiche von G. S. und I. G. Facius, in: Baumgärtel 1998, Abb. 127 u. 128, S. 245.*

Der Faden der Ariadne

Angelika Kauffmann: Sappho, inspiriert von der Liebe
um 1775 / Öl auf Leinwand / 1321 x 1451 mm
Collection of The John and Mable Ringling Museum of Art, a division of Florida State University

*»Komm zu mir auch jetzt; aus Beschwernis lös mich
aus der Wirrnis; was nach Erfüllung ruft in
meiner Seele Sehnen erfüll. Du selber
hilf mir im Kampfe.«*[34]

Während Ariadne dem Geliebten verzweifelt nachblickt, lässt sich die Dichterin in ihrem Schmerz von Amor zu neuen Versen inspirieren. Hier entfaltet nicht die glückliche, sondern die unglückliche Liebe in Gestalt des Amorknaben ihre Inspirationskraft, auch wenn der Verlassenen – so lässt Ovid sie klagen – in der ersten Erstarrung die »*Sprache versagt*«, die »*Worte dem Gaumen*« fernbleiben.[35]

Sappho galt über lange Zeit hinweg als Inbegriff weiblicher Dichtkunst. Bereits Raffael hatte sie in seine Darstellung des Parnass mit den berühmtesten Vertretern der schönen Künste in der Stanza della Segnatura in Rom aufgenommen. Die Dichterin wurde zum Vorbild für die Titelheldin des Romans »*Corinne*« von Germain de Staël und findet sich als Referenz in zahlreichen Frauenbildnissen. Sie reiht sich als Modell weiblicher Kreativität in die Folge der im 18. Jahrhundert beliebten Künstlermythen ein, die häufig die Liebe als Quelle der Inspiration thematisieren. So wurde die Traditionslinie der bildenden Künstlerinnen gerne bis zu Dibutadis zurückgeführt, die das Bild ihres Geliebten im Schatten festhielt. Doch waren gleichermaßen auch männliche Künstlermythen eng mit der Liebe verbunden, so die Geschichte des Pygmalion, der sich in die von ihm geschaffene Statue einer Venus verliebt und sie dadurch zum Leben erweckt. Von der inspirierenden Kraft des Herzens erzählen auch die Legenden von Praxiteles, der seine Liebe Phryne schenkte *(→ S. 24)*, und Apelles, dem Alexander seine Mätresse Kampaspe übergab, als er die Zuneigung des Malers zu ihr erkannte – Angelika Kauffmann stellte dieses Sujet in einem kleinformatigen Tondo dar *(→ S. 75)*.

Die unglücklich liebende Sappho führt exemplarisch eine der Grundlagen künstlerischer Kreativität vor Augen.

[34] *Zit. n. Baumgärtel 1998, Nr. 114, S. 244.*
[35] *Publius Ovidius Naso 1995, Brief 15, Sappho an Phaon, S. 142–153, Verse 110f.*

Die emotionale Anteilnahme, die vielfach als entscheidender Aspekt bei der Rezeption von Kunst benannt wird, gilt gleichermaßen als notwendig für die Erfindung eines Werkes. In Künstlerselbstbildnissen wird die inspirierende Liebe häufig durch die Ehefrau verkörpert. Angelika Kauffmann, deren Empfindsamkeit allseits bekannt und vielfach gewürdigt wurde, zeigt sich hingegen nur indirekt, nämlich über die Literatur von der Liebe inspiriert. Die große Bedeutung der Schwesternkunst für ihr Werk zeigt ein kleinformatiger Tondo, den sie ihrem treuen Auftraggeber George Bowles schenkte und in dem sie sich an der Seite der Poesie darstellte. Ihr Vertrauen in die Kraft des Wortes verdeutlicht das Bild »*Vergil liest aus seiner Aeneis vor*«, das die Ohnmacht der Kaiserin Oktavia infolge der Lektüre zeigt.[36]

Der Blick auf Angelika Kauffmanns Wahl mythologischer und historischer Themen verdeutlicht, dass die Liebe in ihren unterschiedlichsten Ausformungen immer wieder Anlass bildlicher Darstellungen und damit Inspiration der gestaltenden Künstlerin wurde: Sie verhilft Penelope zur Standhaftigkeit im Warten auf die Rückkehr des Odysseus, sie wird zur treibenden Kraft für das selbstlose Opfer der Alkestis, die anstelle ihres Ehemanns Admetos in den Tod geht, sie äußert sich in Telemachs Schwermut, als die Taten seines Vaters Odysseus besungen werden, und sie macht Cornelia unbestechlich für kostbares Geschmeide, das ihren größten Schatz – ihre Kinder – niemals ersetzen kann. Sie befreit auch Ariadne von ihrer Trauer, erfüllt sie mit neuer Hoffnung und lässt Bacchus ihre Krone zum Himmel emporwerfen, auf »*daß sie ewig strahle als helles Gestirn*«.[37] *

[36] *Baumgärtel 1998, Nr. 231.*
[37] *Publius Ovidius Naso, Metamorphosen, hg. v. Erich Rösch, Sammlung Tusculum, München 1992, 3. Buch, Verse 177f.*
* *Der Aufsatz basiert auf meiner unveröffentlichen Magisterarbeit, Reuter 1995.*

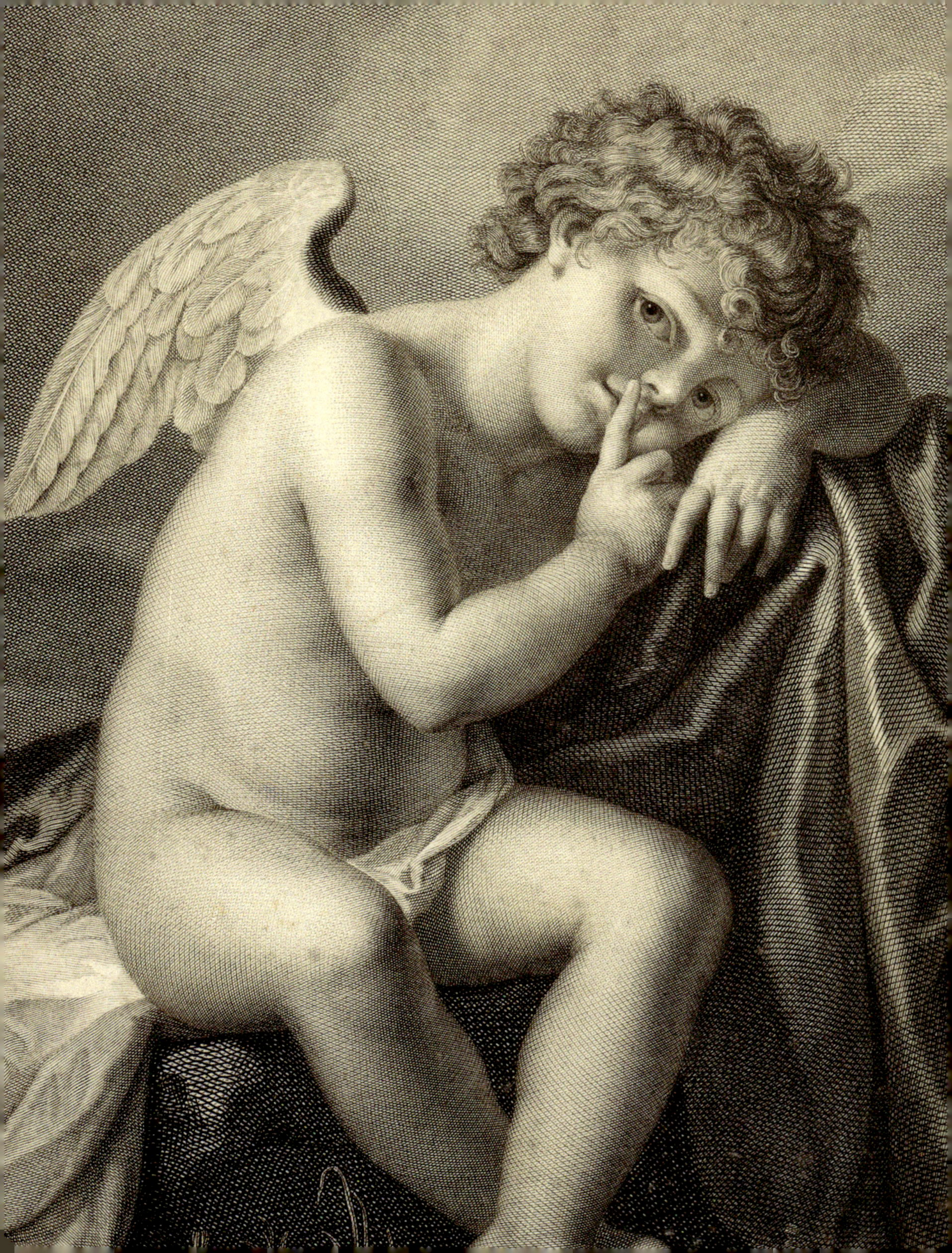

Petra Zudrell

»Hin und wieder fliegen Pfeile;
Amors leichte Pfeile fliegen ...
Gebet Acht! Er kommt zurück!« Johann Wolfgang Goethe

Zur Ausstellung »Liebende«

Das Signet der Ausstellung ist eine von Angelika Kauffmann geschaffene Amorfigur, die vor der Liebe warnt. Die Aufforderung Amors zur schweigenden Beobachtung der Liebe steht in krassem Widerspruch zum moralischen Konzept vieler Historiengemälde Kauffmanns. Die Ausstellung »Liebende« zeigt in mehreren Stationen exemplarische Themengruppen von Kauffmanns Beschäftigung mit der menschlichsten aller Leidenschaften.

In verschiedenen allegorischen Serien stellt die Künstlerin die Liebe als Auseinandersetzung zwischen den widerstrebenden Kräften von Tugend und Laster, Herz und Verstand dar. Diesen ansprechenden Moralszenen zugrunde liegt Kauffmanns Auffassung von der idealen Liebe: Gemäß dem empfindsamen Freundschaftskult ihrer Zeit fand sie diese in treuer Freundschaft verwirklicht.

In Angelika Kauffmanns Historienmalerei enden Liebesgeschichten in den seltensten Fällen glücklich. *»Der Traum vom Glück«* bleibt ein Traum – ihre Heldinnen sind oft verlassene Liebende wie Ariadne, Penelope und Kalypso. Sie verkörpern wie Cornelia, Julia, Oktavia oder Alkeste *»das moralische Geschlecht«* und zeigen Größe im Verzicht. Ihre Helden müssen sich entscheiden – zwischen Ruhm und Liebe, zwischen verschiedenen Frauen oder sie müssen ihre Geliebte verlassen, um in den Krieg zu ziehen.

Historienmalerei ist bei Angelika Kauffmann vor allem Seelenmalerei, die das menschliche Gemüt, seine Empfindungen und Leidenschaften zum Gegenstand hat. Sie stellt die Liebe als Zauber der Gefühle in verschiedensten Spielarten dar. Dabei bezieht sie sich sowohl auf antike wie auch auf zeitgenössische literarische Vorlagen, aber auch auf historische Ereignisse. Die Besucher begegnen zentralen Liebespaaren und Trauerikonen aus Kauffmanns Werk. Daneben setzt die Ausstellung mit einer großen Zahl von Amorfiguren, Grazien und Nymphen den Geist des Rokoko in Szene, der sein Spiel mit der Liebe treibt.

Zur Ausstellung »Liebende«

Carlo Antonio Porporati nach Angelika Kauffmann: Gib Acht! Garde à Vous! Amor warnt vor der Liebe
1790 / Radierung mit Kupferstich / 480 x 335 mm
Angelika Kauffmann Museum, Schwarzenberg, Inv.-Nr. akmu-539

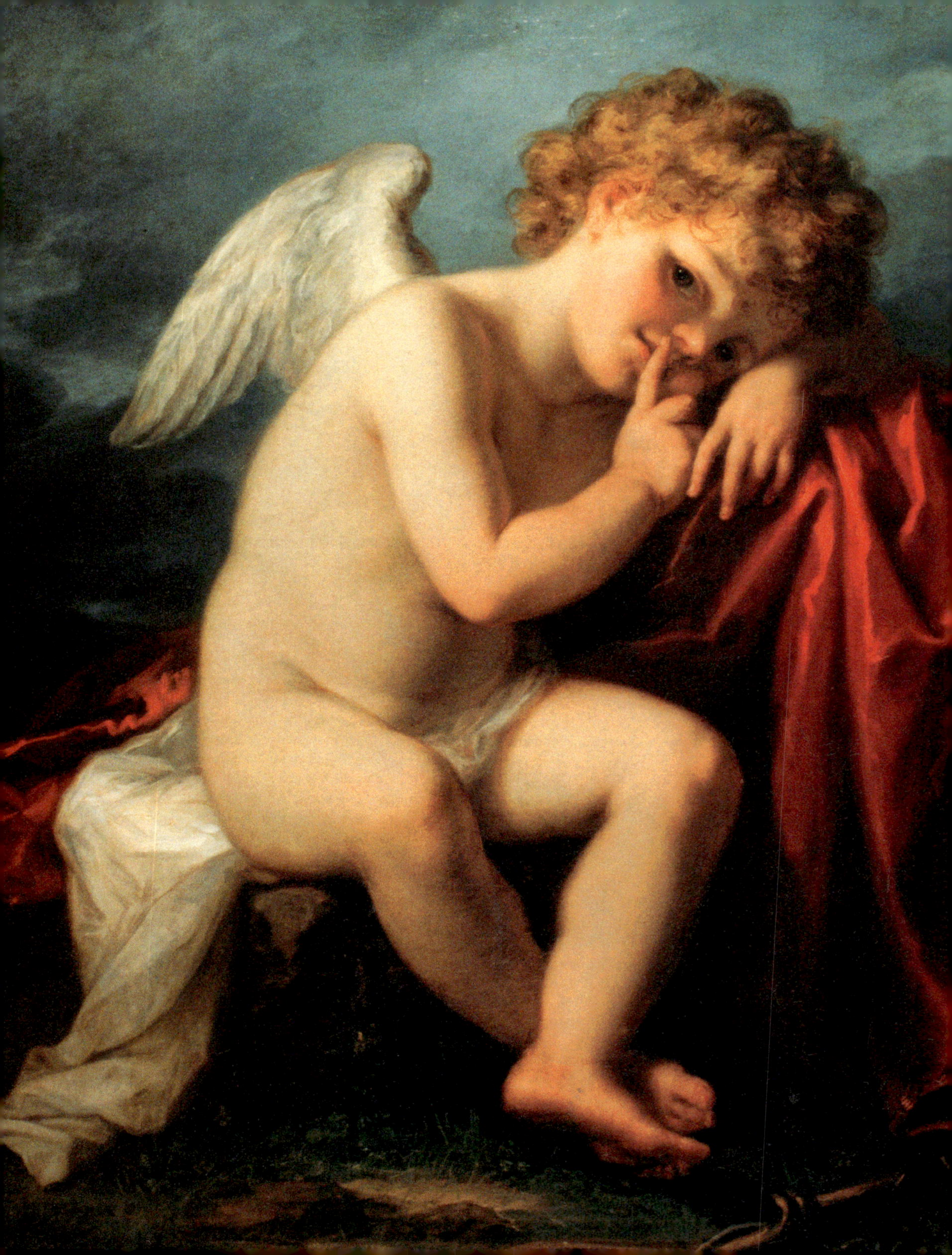

»For the Prince Youssoupoff of Russia a figure of Cupid sitting mediating some mischief or amourous tangle – study from life picture of great effect and expression«. Antonio Zucchi

Warnung vor der Liebe

Ein durchaus ironisch zu verstehendes Werk schuf Angelika Kauffmann mit dem vor der Liebe warnenden Amor. Es entsprach dem Geschmack seines Auftraggebers, dem einflussreichen russischen Kunstsammler und Diplomaten Prinz Jusupov. Der Titel »*Gib Acht!*« geht möglicherweise auf Goethes in Rom zum Singspiel überarbeitetes Stück »*Claudine von Villa Bella*« zurück.

Das vom russischen Prinzen Nikolaj Borisovič Jusupov (1750–1831) in Auftrag gegebene Gemälde »*Gib Acht! Garde à Vous! Amor warnt vor der Liebe*« (1790), das sich heute im Staatlichen Radiščev-Kunstmuseum in Saratov (Russland) befindet, wurde von Carlo Antonio Porporati in Paris noch im Entstehungsjahr als Radierung mit Kupferstich reproduziert. Der russische Prinz Jusupov, ein in Staatsdiensten stehender Diplomat und Kunstsammler, lernte Angelika Kauffmann 1782 in Venedig als Begleiter des Großherzogs von Russland, der spätere Zar Paul I., kennen.

Jusupov bestellte insgesamt zehn Gemälde bei Angelika Kauffmann und stand in direktem Briefkontakt mit ihr. Davon zeugen vier erst kürzlich auf Russisch und im italienischen Originaltext veröffentlichte Briefe Angelika Kauffmanns an Prinz Jusupov.[1] Die Briefe aus den Jahren 1784 bis 1790 haben sich im Archiv von Nikolaj Jusupov[2] erhalten. Sie dokumentieren den Entstehungsprozess einiger Werke Angelika Kauffmanns, die heute in russischen Museen aufbewahrt werden, und geben andererseits einen Einblick in ihre Beziehungen zu russischen Kunstmäzenen und römischen Kunstagenten.

Der Auftrag zu dem Gemälde wird im von Kauffmanns Ehemann Antonio Zucchi verfassten »*Memorandum of Paintings*« bereits am 31. März 1785 vermerkt: »*For the Prince Youssoupoff of Russia a figure of Cupid sitting mediating some mischief or amourous tangle – study from life picture of great effect and expression*«.[3] Damit bediente Kauffmann eines der Lieblingsthemen ihres Auftraggebers, wie die Herausgeberin der Briefe Kauffmanns an Jusupov, Ljubov Savinskaja, schreibt.[4] Laut Savinskaja übte der Kunstgeschmack der deutschen Kolonie in Rom einen bedeutenden Einfluss auf Jusupov aus, der sich auch in seiner Kunstsammlung niederschlug. Er bevorzugte den zeitgenössischen neoklassizistischen Stil sowie idyllische und erotische Sujets der antiken Klassiker.[5]

Wie schon die Eintragung im »*Memorandum*« anklingen lässt, gab es für die Amorfigur ein reales Vorbild. Angelika Kauffmanns Biograph Giovanni Gherardo de Rossi vermerkte über das Gemälde: »*Einen sehr schönen polnischen Jüngling stellte*

---

[1] *Ljubov Savinskaja, Pis'ma Anželiki Kaufman kniazju N. B. Jusupovu [Angelika Kauffmanns Briefe an Prinz Jusupov], in: Vek Prosveščenija (Le Siècle des Lumières), Bd. 2, Moskau 2009, S. 23–46, hier S. 24.*

[2] *Jusupov Archiv im »Zentralnyi Gosudarstvennyj Archiv Drevnich Aktov« [Zentrales Staatsarchiv alter Akten], Moskau.*

[3] *Memorandum of Paintings by Angelica Kauffmann, in: Victoria Manners / George Charles Williamson, Angelica Kauffmann, Her Life and her Works, London 1924, S. 141–174, hier S. 147.*

[4] *Savinskaja 2009, S. 30.*

[5] *Ebd., S. 29.*

sie unter der Gestalt des Amors schön dar, und Porporati machte ein herrliches Kupferblatt darnach.«[6]

Der Lockenkopf und das Gesicht des Amorknaben haben eine große Ähnlichkeit mit dem vier Jahre später gestalteten *»Kind mit Taube«* (1794). Möglicherweise griff Kauffmann bei diesem Gemälde auf die nach der Natur (*»studio fatto dall naturale«*[7]) gemalte Vorlage des vor der Liebe warnenden Amorknaben zurück.

Claudine von Villa Bella

Der deutsche Titel des in Russland als *»Sitzender Amor«* (*»Sidjaščij Amur«*) bekannten Gemäldes *»Gib Acht!«* könnte ein im Umkreis von Johann Wolfgang von Goethe und Angelika Kauffmann so beliebtes Wechselspiel der Künste sein. Überarbeitete Goethe sein 1776 erstmals erschienenes Drama *»Claudine von Villa Bella«* doch während seines Aufenthalts in Rom. Im November 1787 traf der Musiker Philipp Christoph Kayser, ein Jugendfreund Goethes, in Rom ein, um gemeinsam mit Goethe an poetisch-musikalischen Projekten zu arbeiten. Eines davon hatte zum Ziel, aus dem noch ganz in Sturm- und-Drang-Dramatik verhafteten *»Schauspiel mit Gesang«* unter dem Eindruck italienischer Singspiele eine Verfassung mit Rezitativen zu formen. In der Arie der Lucinde scheint Angelika Kauffmann das Motiv für ihr Gemälde (wieder)gefunden zu haben. 1788 erschien die zweite Fassung im fünften Band von *»Goethe's Schriften«*. Der letzte Vers könnte auch die Anregung für den Titel gewesen sein. Offen bleiben muss, wem das Werk seinen Titel zu verdanken hat, formulierte ihn bereits Angelika Kauffmann oder erst der Stecher Porporati?

»Hin und wieder fliegen Pfeile;
Amors leichte Pfeile fliegen
Von dem schlanken goldnen Bogen,
Mädchen, seid ihr nicht getroffen?
Es ist Glück! Es ist nur Glück.

[6] *Giovanni Gherardo de Rossi, Vita di Angelica Kauffmann Pittrice, Florenz 1810. Zit. n. der deutschen Übersetzung von Alois Weinhart, Leben der berühmten Mahlerinn Angelika Kauffmann. Bregenz 1814, S. 137.*
[7] *Carlo Knight (Hg.), La »Memoria delle piture« di Angelica Kauffman. Rom 1998, S. 29.*

Angelika Kauffmann: Sitzender Amor
1790 / Öl auf Leinwand / 900 x 690 mm
Staatliches Radiščev-Kunstmuseum, Saratov, Inv.-Nr. 5101

Warnung vor der Liebe

Warum fliegt er so in Eile?
Jene dort will er besiegen;
Schon ist er vorbei geflogen;
Sorglos bleibt der Busen offen;
Gebet Acht! Er kommt zurück!«[8]

Auch Angelika Kauffmann verband mit dem Komponisten Kayser eine Freundschaft, die im Austausch von musikalischen Gefälligkeiten und Widmungen ihren Ausdruck fand. Mehrmals lässt die Malerin Kayser in ihren Briefen an Goethe grüßen oder erwähnt ihn und ihre musikalischen Besorgungen für ihn. Philipp Christoph Kayser widmete Angelika Kauffmann gar seine »Römischen Nebenstunden« – eine Zusammenstellung von in Rom entstandenen Vertonungen nach Texten Goethes und Herders. In unserem Zusammenhang ist interessant, dass die Sammlung neben zwei Gesängen aus »Egmont« und dem »Mailied« auch zwei Gesänge aus »Claudine von Villa Bella« enthielt. Die Vertonungen gelten als verschollen.[9] Die im Goethe- und Schiller-Archiv im Weimar aufbewahrte Abschrift eines Widmungsbriefes von Philipp Christoph Kayser an Angelika Kauffmann formuliert eine blumige Zuschrift:

»Ich habe, verehrte Angelica, unserm Publikum durch den Weg dieser Zuschrift nur wenig über das Wesen einiger meiner vor kurzem in Rom verlebten Stunden zu sagen, die Spitze derselben aber gern mit einem Nahmen zieren mögen, dem jener Sitz der Herrschaft der Künste und jeder geschmackvolle Ausländer mit derjenigen ausgezeichneten Achtung zu begegnen gewohnt sind, die dem anerkannten Dienste gebühret, und dem ich die meinige um so ungeheuchelter durch diesen zusammengebundenen Strauß einzelner vaterländischer Blumen öffentlich zu bezeigen wagen darf.«[10]

[8] *Johann Wolfgang Goethe, Claudine von Villa Bella (Zweite Fassung), in: Dieter Borchmeyer (Hg.), Dramen 1776–1790, (= Sämtliche Werke. Briefe, Tagebücher und Gespräche. I. Abteilung, Bd. 5), Frankfurt a.M. 1988, S. 661–719, hier S. 669.*
[9] *Gabriele Busch-Salmen (Hg.), Goethe Handbuch Supplemente, Bd. 1: Musik und Tanz in den Bühnenwerken, Stuttgart / Weimar 2008, S. 179.*
[10] *Zit. n. Ursula Naumann, Geträumtes Glück. Angelica Kauffmann und Goethe. Frankfurt a.M. / Leipzig 2007, S. 289.*

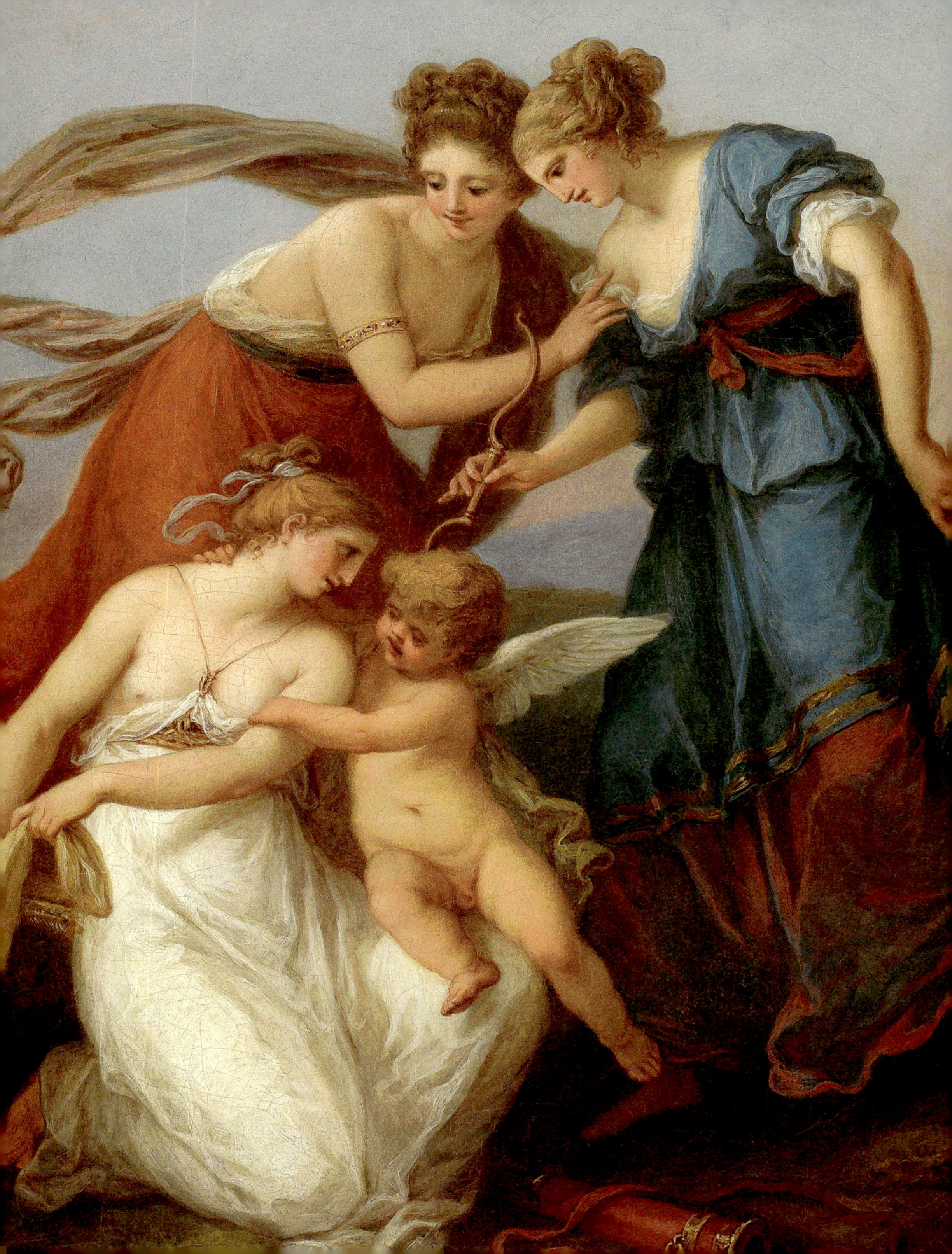

*»Gott Amor zieht die Pfeile aus dem Köcher,
er schießt. Ich bleib betroffen stehn.
Und du machst so verliebte Nasenlöcher ...
Da muß ich wohl zum Angriff übergehn.«*
                                    Kurt Tucholsky

Amors Pfeile

In einer Folge von sechs allegorischen Szenen erzählt Angelika Kauffmann in ihren Grazienbildern von einem Kräftemessen zwischen Amor, dem Gott der Liebe, und den drei Grazien. Während Amor im Signetbild der Ausstellung *Liebende* mit dem Finger vor dem Mund zum schweigenden Beobachten der Liebe auffordert, erleben ihn die Betrachter in dieser Szenenfolge in Aktion.

Wie Bettina Baumgärtel ausführte, sind die sechs Szenen in eine sinnvolle Reihenfolge zu bringen.[1] Als literarische Vorlage nennt sie das Drama »Les Grâces vengées« von Pietro Metastasio. Allerdings kann das Drama nur als Vorlage für die Ausgangsszene »*Aglaia, von Amor an den Baum gefesselt*« und den Beschluss der drei Grazien, sich für die Taten Amors an Venus zu rächen, herangezogen werden.[2] Das Drama des italienischen Librettisten und kaiserlichen Hofdichters in Wien Pietro Metastasio (1698–1782) erschien 1769 in der französischen Anthologie »Les Grâces«, welche neben Johann Joachim Winckelmanns Abhandlung »*Von der Grazie in den Werken der Kunst*« nicht nur dichterische Neuschöpfungen zu dem Thema enthält, sondern auch eine Vielzahl von für das Rokoko typischen Graziendarstellungen aufweist.[3] Wie Veronika Mertens gezeigt hat, interpretierten diese Rokokodarstellungen das Motiv der Psychomachie, also des Kampfes zwischen Tugend und Laster, unter neuen Vorzeichen.[4] Während zuvor vor allem Venus und die drei Grazien oder Diana und ihre Nymphen in Auseinandersetzungen mit Amor verstrickt waren, sind es im 18. Jahrhundert die drei Grazien allein. Wichtig ist dabei festzuhalten, dass die drei Grazien seit dem späten 16. Jahrhundert nicht mehr nur als Verkörperungen von Schönheit und Anmut zu sehen sind, »*sondern auch und vor allem als Sinnbild der Freundschaft*«.[5] In besonderem Maße gilt diese Neuinterpretation auch für Angelika Kauffmanns unter dem Einfluss des Freundschaftskultes entstandenen Zyklus. Baumgärtel fasst das Schlussbild des sechsteiligen Zyklus' so zusammen:

»Wenn die drei Grazien sich nun der Macht des Amor beugen müssen, so wird sinnbildhaft nach dem Verhältnis von Freundschaft und Liebe gefragt« und interpretiert es als »Symbol für das Gleichgewicht zwischen Herz und Verstand«.[6]

---

[1] *Bettina Baumgärtel (Hg. u. Bearb.), Angelika Kauffmann, Kunstmuseum Düsseldorf / Haus der Kunst, München / Bündner Kunstmuseum, Chur, Ostfildern-Ruit 1998, S. 365.*

[2] *Pietro Metastasio, Les Grâces vengées, in: Anne Gabriël Meusnier de Querlon (Hg.), Les Grâces, Paris 1769, S. 75–84.*

[3] *Ebd.*

[4] *Veronika Mertens, Die Grazien und Amor. Zur klassizistischen Metamorphose eines Rokokothemas in Werken von Dannecker und Thorvaldsen, in: Christian von Holst, Schwäbischer Klassizismus zwischen Ideal und Wirklichkeit, Stuttgart-Ruit 1993, S. 289–303, hier S. 291f.*

[5] *Ebd., S. 291.*

[6] *Baumgärtel 1998, S. 365.*

Laut Veronika Mertens erscheint im Rokoko das »*alte Psychomachie-Thema in einer für das 18. Jahrhundert typischen Milderung*«: »*Der vormals blutige Kampf zwischen Keuschheit und Begierde wird zum scherzhaften Spiel im Geist des Rokoko.*«[7]

Der Zyklus über die drei Grazien und die Taten Amors schmückt das augenzwinkernde »*Psst!*« des vor der Liebe warnenden Amor mit kleinen allegorischen Handlungen aus.

Angelika Kauffmanns Biograph Giovanni Gherardo de Rossi gibt einen von der Malerin selbst verfassten Text wieder, der von einem Kuraufenthalt am Ende ihres Lebens in Como berichtet. Darin erinnert sie sich an ihre Jugend und greift die Metaphorik von Amors Pfeilen auf:

»*Eines Tages ging ich in angenehmer Gesellschaft auf einem überaus reizenden Landgute spatzieren; da sah ich in einem schattenreichen Gehölze Amor, welcher schlief; ich näherte mich ihm, er erwachte, sah mir starr in die Augen, erkannte mich trotz der nun gebleichten Haare; schnell erhob er sich, griff nach dem Bogen, und verfolgte mich, um sich zu rächen; er schoß den Pfeil nach mir ab, und wenig fehlte, daß er nicht [sic!: mich] traf.*«[8]

[7] *Mertens 1993, S. 292.*
[8] *Weinhart 1814, S. 158.*

Angelika Kauffmann: Aglaia, von Amor an den Baum gefesselt
vor 1777 / Öl auf Leinwand / 648 mm, Tondo
vorarlberg museum, Bregenz, Inv.-Nr. Gem 1346

Amors Pfeile

Angelika Kauffmann: Amor wird keine Herzen mehr verführen
vor 1777 / Öl auf Leinwand / 645 mm, Tondo
vorarlberg museum, Bregenz, Inv.-Nr. Gem 1347

Angelika Kauffmann: Amor streitet mit den Grazien um seine Pfeile
vor 1777 / Öl auf Leinwand / 645 mm, Tondo
vorarlberg museum, Bregenz, Inv.-Nr. Gem 1349

Amors Pfeile

Angelika Kauffmann: Amors Rache
vor 1777 / Öl auf Leinwand / 650 mm, Tondo
vorarlberg museum, Bregenz, Inv.-Nr. Gem 1348

Angelika Kauffmann: Ein Opfer an die Liebe
vor 1777 / Öl auf Leinwand / 64,5 cm, Tondo
vorarlberg museum, Bregenz, Inv.-Nr. Gem 1350

Amors Pfeile

Gabriel Skorodomoff nach Angelika Kauffmann: Der Triumph der Liebe
1778 / Punktierstich / 365 x 315 mm
vorarlberg museum, Bregenz, Inv.-Nr. St 212

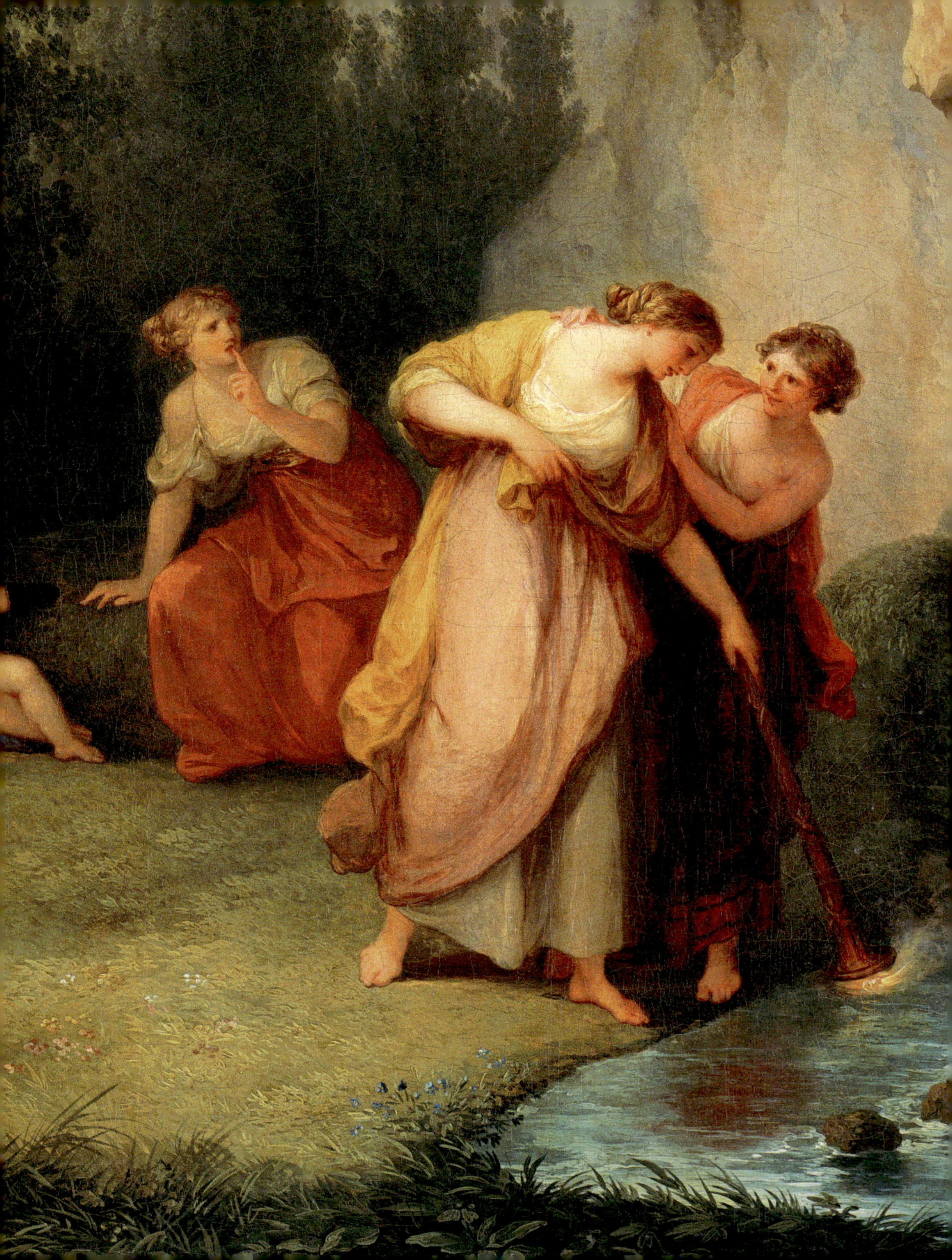

»Die Nymphe ist das Bild des Bildes, die Summe der Pathosformeln, die die Menschen von Generation zu Generation weitergeben«. Giorgio Agamben

Nymphen im Kampf mit der Liebe

Eine wichtige Position in der mythologischen Auseinandersetzung zwischen Tugend und Laster nehmen Nymphen ein. Diese sterblichen Gottheiten an der Schwelle zum Menschen führen einen Kampf gegen die leidenschaftliche Liebe. Der Auftraggeber von »*Drei Nymphen löschen das Feuer der Liebe*« war wiederum ein bekannter russischer Diplomat und Kunstförderer: Fürst Razumovskij.

Mit dem Gemälde »*Drei Nymphen löschen das Feuer der Liebe*« (1787) kehrt Angelika Kauffmann einmal mehr zum alten Motiv der Psychomachie zurück. Hier allerdings dürfen die Nymphen ohne die früher verbindliche Diana, die Schützerin von Keuschheit und Jungfräulichkeit, auftreten. Während Amor schläft, löschen die Nymphen das Feuer der Liebe und gehen für einmal siegreich aus den Kämpfen gegen die Gefahren der leidenschaftlichen Liebe hervor.

In der Angelika-Kauffmann-Forschung bisher unhinterfragt blieben die Angaben zum Auftraggeber dieses Gemäldes. In der erstmals 1924 publizierten Werkliste »*Memorandum of Paintings by Angelica Kauffmann*« wird die von Antonio Zucchi im Original auf Italienisch verfasste Werkliste in englischer Übersetzung wiedergegeben. Seit dieser Publikation hält sich hartnäckig die Angabe, dass ein gewisser »*Count Rosso(a)mo(e)rsky*«[1] Auftraggeber des Werks »*Drei Nymphen löschen das Feuer der Liebe*« gewesen sei:

»For Count Rossomersky, of Russia, for the figures of three Nymphs extinguishing Cupid's torch in the waters which spring forth from a mountain rock – Cupid lies asleep a little apart. The landscape with view of Ischia is painted by Philip Hackert and the figures by Angelica – 56 Zecchini.«[2]

Dieser geheimnisvolle russische Fürst, dessen Name in keinem einschlägigen Lexikon verzeichnet ist, hat auch das ebenfalls in der Ausstellung »*Liebende*« präsentierte Werk »*Heinrich der IV. zwischen Ruhm und Liebe – Der Abschied*« (1788) (→ S. 119) beauftragt und eine Skizze zum Familienbildnis der königlichen Familie von Neapel erworben.[3] In der 1998 erschienenen, dem italienischen Original »*Memoria delle piture*« folgenden Ausgabe von Carlo Knight wird ebenfalls keine Klarheit über den Auftraggeber geschaffen.

[1] *Memorandum of Paintings by Angelica Kauffmann,* in: Manners / Williamson 1924, S. 71f., 152 u. 154.
[2] *Ebd.,* S. 152.
[3] *Ebd.,* S. 154.

Nymphen im Kampf mit der Liebe

Angelika Kauffmann und Jakob Philipp Hackert: Drei Nymphen löschen das Feuer der Liebe
1787 / Öl auf Leinwand / 730 x 610 mm
Privatsammlung

Im Gegenteil, die Verwirrung wird hier eher größer, denn Knight translitteriert bei der ersten Erwähnung »*Conte Rossomiesky*« und vermerkt seine Unsicherheit bezüglich der Schreibweise in der Fußnote »*Rossomersky?*«.[4] Bei der Eintragung zu »*Heinrich der IV. zwischen Ruhm und Liebe – Der Abschied*« wird gar ein »*Conte Rosamsky*«[5] daraus. Diese offensichtliche Unsicherheit Zucchis in der Schreibweise hätte stutzig machen müssen. Ein Vergleich mit der Handschrift bestätigt die Lesarten der beiden Veröffentlichungen.[6] Warum Antonio Zucchi den Namen des Fürsten falsch wiedergegeben hatte, darüber kann nur noch spekuliert werden, ändert aber nichts an der Identifizierung des tatsächlichen Auftraggebers. Dabei hätte man in der schon 1968 sehr sorgfältig recherchierten und mit großer Sachkenntnis von Claudia Helbok verfassten Biographie »*Miss Angel*« nachlesen können:

»Ein besonders charakteristisches Werk erhielt Graf Razumovsky; ›Drei Nymphen mit einem schlafenden Cupido‹. Interessanterweise hat den Hintergrund mit der Ansicht von Ischia für dieses Bild Philipp Hackert gemalt und nur die Figuren waren von Angelika.«[7]

Hier hätte man schon den Schlüssel zur berühmten Diplomatenpersönlichkeit, Andrej Kirillovič Razumovskij (1752–1836), finden können, der seit 1777 Gesandter des russischen Hofes in Neapel war und mit dem Landschaftsmaler Jakob Philipp Hackert (1737–1807) befreundet war.[8] Besonders in Wien, wo er ab 1792 russischer Gesandter am Wiener Hof war, hinterließ Razumovskij Spuren. Im Wiener Musikleben erlangte er als Gönner von Beethoven, der ihm drei Streichquartette (Opus 59) und die 5. und 6. Symphonie widmete, Bekanntheit. Auch bei seinem Freund Hackert hatte der bedeutende Kunstsammler Razumovskij Bilder in Auftrag gegeben. Und so erscheint es plausibel,

[4] Carlo Knight (Hg.), La »Memoria delle piture« di Angelica Kauffman. Rom 1998, S. 40.
[5] Ebd., S. 43.
[6] Memoria delle pittura fatte d'Angelica Kauffman 1781–1795, Royal Academy of Arts Archive, London, KAU/1. Ich danke Helen Valentine und Mark Pomeroy für die freundliche Hilfe.
[7] Claudia Helbok, Miss Angel. Angelika Kauffmann – Eine Biographie, Wien 1968, S. 175.
[8] Hubertus Gaßner, Jakob Philipp Hackert und Russland, in: Ders. u. Ernst-Gerhard Güse (Hg.), Jakob Philipp Hackert. Europas Landschaftsmaler der Goethezeit, Ostfildern-Ruit 2008, S. 44–59, hier S. 54.

dass der geheimnisvolle Auftraggeber Fürst Rossomersky in Wirklichkeit der berühmte Diplomat und Kunstförderer Fürst Razumovskij war.

Möglicherweise stammte die Idee zu der ungewöhnlichen Kooperation zwischen Angelika Kauffmann und Jakob Philipp Hackert auch von Razumovskij selbst. Wie Bettina Baumgärtel ausführt, hatte Kauffmann bereits in ihrer Londoner Zeit Kontakt mit Hackerts Bruder Johann und lernte ihn selbst 1782 während ihres Aufenthalts am Hof von Neapel kennen. Ein von Kauffmann vor 1794 geschaffenes Porträt Hackerts blieb bislang verschollen.[9]

[9] *Baumgärtel 1998, S. 332.*

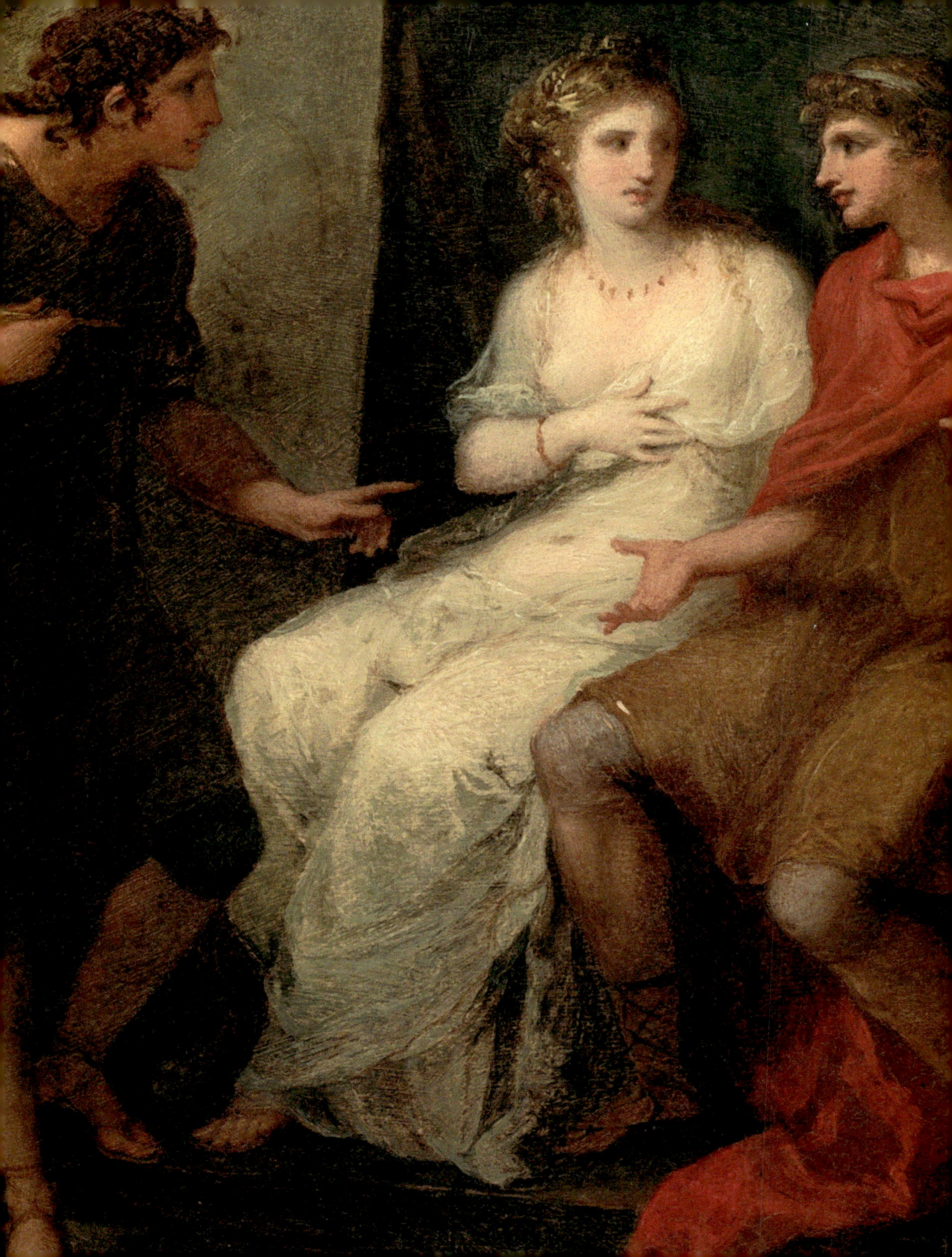

»Denn er hat sich selbst besiegt und schenkte nicht nur seine Lagergenossin, sondern auch seine Neigung dem Künstler.« Plinius

Männerwahl und Frauenqual

In vielen mythologischen Texten sind Frauen Objekte männlicher Begierde. Diese männliche Objektwahl findet im Fall Kampaspes unter Ausschluss der Frau statt und im Fall von Helena greifen die Göttinnen wesentlich in den weiteren Verlauf der Geschichte ein. Zur Wahl stehen so unterschiedliche moralische Konzepte wie Selbstbeherrschung und Enthaltsamkeit, Tugendhaftigkeit und Treue, Reichtum und Macht, Weisheit und Sieg oder die Verlockungen der Schönheit.

Bettina Baumgärtel unterscheidet im symbolischen Bildaufbau des 1783 geschaffenen Werks »*Alexander überlässt Apelles seine Geliebte Kampaspe*« drei Ebenen. Auf einer ersten Ebene erscheint der Herrscher Alexander, wie in Plinius' »*Naturkunde*« geschildert, als vorbildlich in Bezug auf Selbstbeherrschung und Enthaltsamkeit.

»Als er [Alexander] nämlich veranlasst hatte, dass eine von ihm ganz besonders geliebte Nebenfrau, namens Pankaspe [Kampaspe], wegen ihrer bewunderungswürdigen Gestalt von Apelles nackt gemalt werde, und dabei beobachtete, dass dieser, indem er gehorchte, selbst in Liebe entbrannte, gab er sie ihm zum Geschenk – groß durch seine Gesinnung, noch größer durch seine Selbstbeherrschung und durch diese Tat nicht weniger bedeutend als durch irgendeinen anderen Sieg. Denn er hat sich selbst besiegt und schenkte nicht nur seine Lagergenossin, sondern auch seine Neigung dem Künstler.«[1]

Während die Herrscherfigur Alexander gegenüber dem Künstler Apelles Großzügigkeit demonstriert, indem er ihm seine Geliebte überlässt, stellt Apelles das ebenfalls männliche Prinzip der Leidenschaften dar. Eine weitere Lesart bezieht sich auf das ästhetische Konzept, welches die Künstlerfigur Apelles verkörpert:

»Apelles stand für eine graziöse, gefällige Malerei, mithin spielt Kauffmann versteckt auf jene Vorzüge an, die auch in ihrem eigenen Werk immer wieder gelobt wurden, galt sie doch als die ›Malerin der Grazien‹.«[2]

[1] *Zit. n. Baumgärtel 1998, S. 352.*
[2] *Ebd.*

Männerwahl und Frauenqual

Angelika Kauffmann: Alexander überlässt Apelles seine Geliebte Kampaspe
1783 / Öl auf Kupfer / 330 mm, Tondo
Kunstbesitz der Landeshauptstadt Bregenz

Angelika Kauffmann: Das Urteil des Paris
vor 1778 / Öl auf Leinwand / 650 mm, Tondo
Privatsammlung, Inv.-Nr. 1253

Die dritte Lesart fokussiert den Blick auf die der »*Urszene*« Maler-Modell innewohnende geschlechterbezogene Rollenverteilung. Die Geste Kampaspes, die ihre Hand Richtung Herz hebt, betont ihre Tugendhaftigkeit und Treue zum Mann. Unterdessen geht der Frauenhandel auch ikonographisch durch die Gestik der Männerhände vor dem Schoß Kampaspes an derselben vorbei: Sie bleibt ausgeschlossen. Damit bewegt sich Kauffmann ganz im Spektrum tradierter Geschlechterrollen und deren geschlechtsspezifischen Implikationen, wobei vor allem die männlichen Konzepte gegeneinander ausgespielt werden: Die Enthaltsamkeit des Herrschers steht im Widerstreit mit dem gefühlsbetonten Handeln des Künstlers.

Die erotische Wahl von Paris als Auslöser für den Trojanischen Krieg wird in Homers »*Ilias*« nur flüchtig erwähnt. Die Göttin der Zwietracht, Eris, »*hat unter die an einer Hochzeitstafel versammelten Götter einen goldenen Apfel mit der Aufschrift ›Der Schönsten‹ geworfen.*«[3] Zeus bestimmt nun, vermittelt durch Hermes, dass der trojanische Königssohn Paris die Entscheidung fällen soll. Die in Begleitung von Hermes erschienenen Göttinnen Hera, Athene und Aphrodite versprechen nacheinander Reichtum und Macht, Weisheit und Sieg oder die schönste Frau der Welt, Helena. Die Wahl muss auf Aphrodites Versprechen fallen, worauf sich die beiden anderen Göttinnen mit dem Untergang Trojas im Trojanischen Krieg rächen. Dass Paris gar keine andere Wahl hat, verdeutlicht auch der kleine Amorknabe hinter Paris' Rücken.

[3] *Zit. n. Oscar Sandner, Angelika Kauffmann und Rom, Rom 1998, S. 100.*

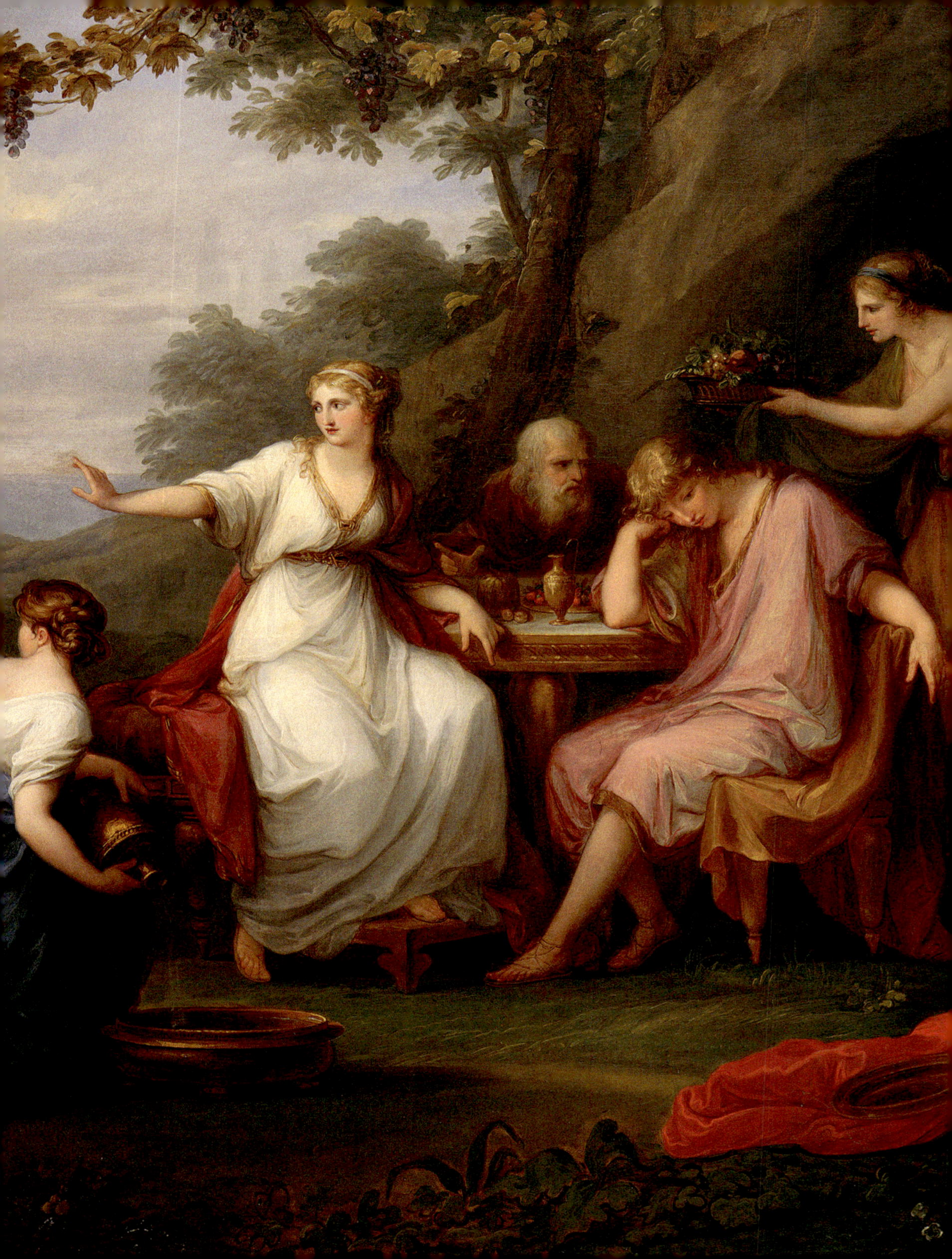

»Als Telemach den Namen seines Vaters hörte, verliehen die Tränen, die unaufhaltsam seine Wangen netzten, seiner Schönheit einen noch höheren Glanz.« Plinius

Telemach und Kalypso

Angelika Kauffmann nahm sich in einer Vielzahl von Varianten dem literarischen Stoff der *»Abenteuer des Telemach«* an. Die Figur des trauernden Telemach ist ein Verweis auf die zu Ikonen stilisierten weiblichen Trauerfiguren Kauffmanns. Voraussetzung für die Übertragung des Trauergestus auf eine männliche Figur war deren Androgynität.

Die beiden ausgestellten Varianten von »*Der trauernde Telemach mit Mentor auf der Insel der Kalypso*« sind die Replik bzw. zweite Fassung[1], die Peter von Kurland in Auftrag gegeben hat, und die flüchtiger gearbeitete dritte Fassung, die »*einige Schwächen in der Ausführung der Nymphengruppe links*«[2] zeigt. Motivisch sind die beiden Varianten sehr ähnlich, nur wird in der dritten Fassung »*die Höhle der Kalypso deutlicher ausgeführt, indem der weite Landschaftsausblick durch eine Felsbrücke verdeckt wird.*«[3]

In der Umsetzung der Gemälde hielt sich Angelika Kauffmann eng an die literarische Vorlage von Fénelon. Der 1699 erschienene, viel gelesene Reiseroman behandelt die Abenteuer des jungen Telemach auf der Suche nach seinem Vater Odysseus in Form eines pädagogischen Romans. Seine Abenteuer und Irrfahrten sollten Vorbild für junge Menschen sein.

Während Homer über die siebenjährige Liebschaft von Odysseus mit Kalypso, die ihm Unsterblichkeit versprach, wenn er bei ihr bleibe, berichtet, setzt Fénelon fort mit der Ankunft von Telemach auf der Insel der Kalypso. Telemach gerät in Gefahr, die Liebesgeschichte seines Vaters mit Kalypso zu wiederholen, wovor ihn Athene, die Telemach in Gestalt des alten Mentors begleitet, bewahrt.

»*Die Nymphen mit zierlich geflochtenem Haar und in weißen Gewändern trugen ein Mahl auf, einfach zwar, aber von ausgezeichnetem Geschmack. [...] ein Wein, süßer als Nektar, floß aus großen silbernen Gefäßen in goldene, mit Blumen bekränzte Schalen, und in zierlichen Körbchen wurden alle Fruchtarten aufgetragen [...]. Zur gleichen Zeit stimmten vier junge Nymphen einen Gesang an. [...] Als Telemach den Namen seines Vaters hörte, verliehen die Tränen, die unaufhaltsam seine Wangen netzten, seiner Schönheit einen noch höheren Glanz. Kalypso [...] gab den Nymphen ein Zeichen.*«[4]

---

[1] *Die erste Fassung entstand 1783, Metropolitan Museum, New York.*
[2] *Baumgärtel 1998, S. 393.*
[3] *Elisabeth von Gleichenstein (Hg.), »... und hat als Weib unglaubliches Talent«. Angelika Kauffmann (1741–1807) und Marie Ellenrieder (1791–1863). Malerei und Graphik*, Kat. Kauffmann bearb. v. Bettina Baumgärtel, Konstanz 1992, S. 171.
[4] *François de Salignac de La Mothe-Fénelon, Die Abenteuer des Telemach.* Mit einem Nachwort hg. v. Volker Kapp, Stuttgart 1984, S. 8f.

Telemach und Kalypso

Angelika Kauffmann: Der trauernde Telemach mit Mentor auf der Insel der Kalypso
1788 / Öl auf Leinwand / 1030 x 1260 mm
Bündner Kunstmuseum, Chur, Inv.-Nr. 797.000.1970

Bettina Baumgärtel hat auf die dem Gemälde innewohnende Dynamik aufmerksam gemacht: »*Die in der Bewegung erstarrte flüchtige Geste der Kalypso und des Mentor zeigt A. Kauffmanns Bemühen, dem Bild ein transitorisches bzw. erzählendes Moment hinzuzufügen.*«⁵ Aber auch die Wasser ausschenkende Nymphe vorne links scheint mitten in der Bewegung innezuhalten, ebenso meint man den Abbruch des Gesangs der Nymphengruppe zu vernehmen. Einzig Telemach ist vor Trauer ganz in sich versunken und verweist damit auf Kauffmanns weibliche Trauerikonen. Damit dieser Trauergestus auch auf eine männliche Figur übertragen werden konnte, bedurfte es einer androgynen Figur, denn sonst hätte die Figur nicht ins Schema der tradierten Geschlechter- und Rollendifferenzen gepasst. Wiederholt kritisierten Zeitgenossen an Kauffmanns Werken die Androgynität ihrer Figuren. Auf den Punkt brachte es Johann Heinrich Meyer, wenn er in seinem »*Entwurf einer Kunstgeschichte des achtzehnten Jahrhunderts*« (1805) über Kauffmanns Figuren schreibt: »*Die Helden sehen wie zarte Knaben, oder verkleidete Mädchen aus*«.⁶ In der Androgynität vieler Figuren Kauffmanns sieht Ellen Spickernagel den »*Vorrang des Gefühls vor der Handlung, de[n] Gleichklang von Frau und Mann*«⁷ manifestiert, eine Charakterisierung, die auch auf das Konzept vieler Werke Kauffmanns zutrifft.

⁵ *Gleichenstein / Baumgärtel 1992, S. 171.*
⁶ *Zit. nach Eugen Thurnher (Hg.), Angelika Kauffmann und die deutsche Dichtung, Bregenz 1966, S. 198.*
⁷ *Ellen Spickernagel, »Helden wie zarte Knaben oder verkleidete Mädchen«. Zum Begriff der Androgynität bei Johann Joachim Winckelmann und Angelika Kauffmann, in: Renate Berger (Hg.) u.a., Frauen – Weiblichkeit – Schrift. Berlin 1985, S. 99–118, hier S. 115.*

Telemach und Kalypso

Angelika Kauffmann: Der trauernde Telemach mit Mentor auf der Insel der Kalypso
1789 / Öl auf Leinwand / 800 x 965 mm
Privatsammlung

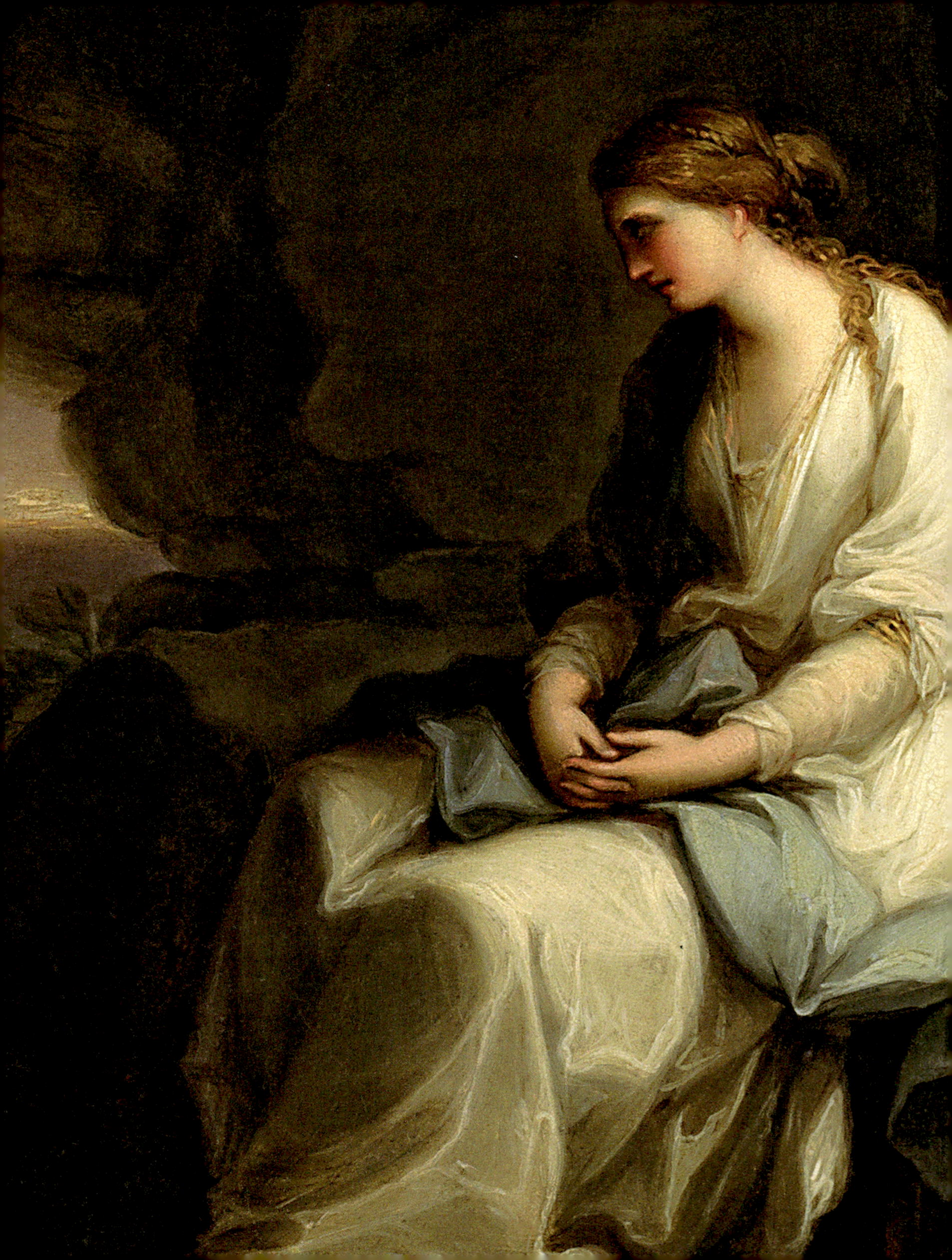

»Unbeweglich, einer Statue gleich, saß sie zuweilen am Strand des Meeres, dessen Wogen sie mit ihren Tränen netzte«. Fénelon

Trauerikonen

Das Einfigurenhistorienbild konzentriert sich auf die Vermittlung eines Gefühls. Die beiden von Odysseus verlassenen Frauen Penelope und Kalypso sind in ihrer Gestik und im Gesichtsausdruck zu Trauerikonen erstarrt, die ganz in sich versunken sind vor Trauer um ihre Liebe. Sie verkörpern geduldiges Warten, weibliche Leidensfähigkeit und Schicksalsergebenheit.

Angelika Kauffmanns Historienmalerei tendiert generell zu einer »*Art Seelenmalerei*«.[1] Auf extreme Weise reduziert erscheint die Historienmalerei im Einfigurenhistorienbild. Mit diesem Begriff werden die meist kleinformatigen Gemälde Kauffmanns treffend bezeichnet, kennzeichnet er doch über die sichtbare Verzweiflung oder stille Trauer ihrer zu Trauerikonen gewordenen Heldinnen hinausgehend einen kunsthistorischen »*Reflexionsrahmen*«:

»Hier liefern die Zeichen, gering an Zahl und von der nahegerückten Präsenz des Sentiments dominiert, nur den Anlaß, die Richtungsvorgabe. Unsere Kenntnis ihrer kunsthistorischen Tradition gibt uns den Reflexionsrahmen, den das vorherrschende Sentiment auf überzeugende Weise füllt, indem es unsere Gedanken und Gefühle wie durch einen andauernden Ton in sanfter Bewegung hält. Wir sind für den Bildsinn zuständig. Wenn die Vorgabe nur vage war, um so besser, dann werden unser Anteil und damit unsere Befriedigung größer.«[2]

Auch das Angelika Kauffmann Museum in Schwarzenberg besitzt Versionen der zwei bekanntesten, in zahllosen Wiederholungen und Varianten verbreiteten Einfigurenhistorien Kauffmanns. Dabei handelt es sich um die beiden Pendants »Penelope trauert über dem Bogen des Odysseus« (um 1778) und »Kalypso, verlassen von Odysseus« (um 1778). Wie textgetreu Kauffmann auch diese Werke gestaltete, verdeutlichen die entsprechenden Passagen bei Fénelon und Homer. Die von Kauffmann gestaltete Szene zeigt die Ausgangssituation von Fénelons Bildungsroman, unmittelbar vor der Ankunft Telemachs auf der Insel:

[1] *Baumgärtel 1998, S. 344.*
[2] *Werner Busch, Das Einfigurenhistorienbild und der Sensibilitätskult des 18. Jahrhunderts, in: Baumgärtel 1998, S. 40–46, hier S. 41.*

Trauerikonen

Angelika Kauffmann: Kalypso, verlassen von Odysseus
um 1778 / Öl auf Kupfer / 260 x 203 mm, hochoval
Angelika Kauffmann Museum, Schwarzenberg, Inv.-Nr. akmu-988

> »Kalypso vermochte sich nicht über die Abreise des Ulysseus zu trösten, und in ihrem Schmerz hielt sie es sogar für ein Unglück, unsterblich zu sein. Kein Gesang hallte in ihrer Grotte wider [...]. Unbeweglich, einer Statue gleich, saß sie zuweilen am Strand des Meeres, dessen Wogen sie mit ihren Tränen netzte; und beständig schweiften ihre Blicke dahin, wo das Schiff des Ulysseus, die Wogen durchschneidend, ihren Augen entschwunden war.«[3]

Im 21. Gesang von Homers »Odyssee« wird die Szene geschildert, kurz bevor Penelope ihr 20-jähriges geduldiges Warten auf Odysseus beendet und ihre Freier auf die Probe stellt:

> »Wo ihre Truhen standen,
>   darinnen die duftenden Kleider
> Lagen; empor sich reckend,
>   nahm sie vom Nagel den Bogen
> Samt dem Behälter, der rings ihn umgab,
>   der glänzend geschmückte.
> Und ließ sich dort nieder
>   und legte ihn über die Kniee,
> Weinte hell auf und nahm heraus
>   den Bogen des Herrschers.
> Und nachdem sie sich nun
>   am Weinen und Klagen gesättigt,
> Schritt sie hinein in den Saal,
>   in den Kreis der trotzigen Männer,
> In der Hand den schnellenden Bogen
>   und auch den Köcher,
> Pfeilgefüllt; drin waren viel
>   seufzererregende Pfeile.«[4]

[3] Fénelon, 1984, S. 3.
[4] Homer, Odyssee. Übersetzt v. Roland Hampe, Stuttgart 1980, S. 348.

Trauerikonen

Angelika Kauffmann: Penelope trauert über dem Bogen des Odysseus
um 1778 / Öl auf Kupfer / 265 x 201 mm, hochoval
Angelika Kauffmann Museum, Schwarzenberg, Inv.-Nr. akmu-986

Wie Angela Rosenthal in Bezug auf »*Kauffmanns zahlreiche Penelope-Darstellungen*« schreibt, basiert »*ihr Dasein im Bild dialektisch auf der Abwesenheit des Mannes (Odysseus)*«.[5] Die beiden von Odysseus verlassenen Frauen sind in ihrer Gestik und im Gesichtsausdruck zu Trauerikonen erstarrt, die ganz in sich versunken sind vor Trauer um ihre Liebe. Sie verkörpern geduldiges Warten, weibliche Leidensfähigkeit und Schicksalsergebenheit. Auch Bettina Baumgärtel sieht die Darstellung dieser verlassenen Frauen auf den abwesenden Mann bezogen:

»*Dagegen werden die weiblichen Figuren-in-absorption [in Versunkenheit] ohne Wahlmöglichkeit aus sich selbst heraus gezeigt. Gemäß ihrer dienenden Funktion in der Gesellschaft und ihrem Ausschluß aus öffentlichen, gesellschaftlich wichtigen Aufgaben werden sie in der Malerei entsprechend machtlos, eben ohnmächtig, passiv ausharrend, wartend oder trauernd dargestellt. Dieses Ausharren kann erst durch den Mann (z.B. Bacchus oder Odysseus) beendet werden.*«[6]

Während bei Penelope der Bogen des Odysseus metonymisch auf den Abwesenden verweist, ist es im Falle Kalypsos der Ausblick aufs Meer, wo man in der Ferne ein Schiff zu erkennen glaubt, das auf die Abfahrt von Odysseus hinweist. Gegen den Strich dieser Rezeption gelesen, könnte man in den beiden Pendants aber auch die »*Ruhe vor dem Sturm*« dargestellt sehen, wenn man den weiteren Handlungsverlauf der Geschichten um die zwei Frauengestalten ins Auge faßt. Penelope findet ihren Geliebten wieder und Kalypso verliebt sich leidenschaftlich in Odysseus' Sohn Telemach. Wie Bettina Baumgärtel feststellte, enthalten Kauffmanns

[5] *Angela Rosenthal, Angelika Kauffmann. Bildnismalerei im 18. Jahrhundert, Berlin 1996, S. 226.*
[6] *Bettina Baumgärtel, Angelika Kauffmann (1741–1807). Bedingungen weiblicher Kreativität in der Malerei des 18. Jahrhunderts, Weinheim / Basel 1990, S. 243.*

Trauerikonen

Darstellungen von trauernden Frauen »*kaum ein erzählerisches Moment*«.[7] Diese spärlichen erzählerischen Momente sind im Kalypso-Bild das sich entfernende Schiff als narrativer Bogen in die Vergangenheit und bei Penelope der Bogen des Odysseus als Vorwegnahme auf die weitere Entwicklung der Handlung. Es gibt aber in der Penelope-Darstellung noch ein anderes, auf den weiteren Verlauf der Handlung hinweisendes Symbol. Die am Boden liegenden Stäbe mit Loch symbolisieren wohl den in der Folge von Penelope ausgerufenen Wettkampf unter ihren Freiern. Diese sollten einen Pfeil durch die Ösen von zwölf in einer Linie aufgestellten Äxten schießen. Dem Sieger dieses Wettkampfes versprach sie ihre Hand.

[7] *Baumgärtel 1998, S. 408.*

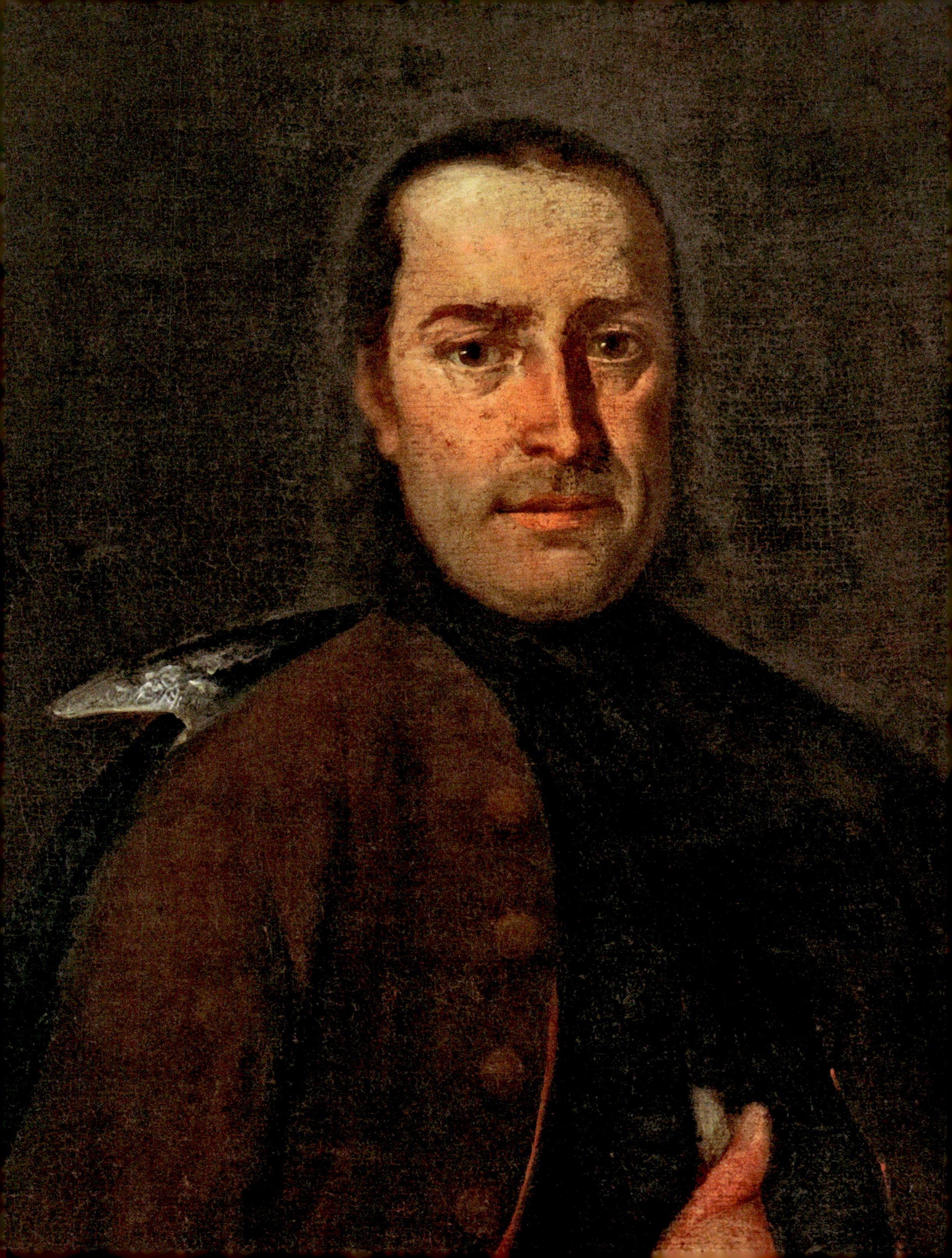

»Alpe zu Alpe, Gut zu Gut –
so ist es ›Wäldarbruh‹.« Bregenzerwälder Sprichwort

Bildnisse Bartholomäus und Margarethe Aberer

Von der im 18. Jahrhundert im Bregenzerwald noch sehr gebräuchlichen Praxis, Ehen aus Gründen des Erhalts und Vergrößerns von Reichtum zu stiften, zeugen die von Angelika Kauffmann und ihrem Vater gemalten Bildnisse von Bartholomäus und Margarethe Aberer. Wie brüchig diese Praxis aber bereits im 18. Jahrhundert war, zeigt nicht zuletzt Angelika Kauffmanns erste, missglückte Liebesheirat.

Die beiden 2002 bzw. 2003 von Lothar Haberkorn in Erinnerung an seinen Onkel Johann Georg Aberer dem Angelika Kauffmann Museum gestifteten Gemälde stammen aus dem Besitz von Johann Georg Aberer. Dieser ist laut Pfarrbüchern ein direkter Nachkomme der Porträtierten. Dass Angelika Kauffmann Bartholomäus Aberer persönlich gekannt hat, ist in einem Brief an Joseph Anton Metzler vom 14. Mai 1783 überliefert, in welchem sie zum Tod des 1782 Verstorbenen bemerkt: »*bedaure sehr den verlust des herren landam<a>n Aberer seeligen.*«[1]

Bartholomäus Aberer wurde 1719 als Sohn des Landammanns Nikolaus Melchior Aberer geboren. 1746 heiratete der Wirt des Gasthauses »*Ochsen*« Margarethe Meusburger (1726 – 1784) aus Bizau. Das Paar hatte sieben Kinder. 1773 bis 1780 war Bartholomäus Aberer Landammann. Obwohl das Amt finanziell wenig einbrachte, gehörte Aberer dank seines Besitzes wie auch schon sein Vater zu den vermögenden Schwarzenbergern. Laut Franz Kaufmann versteuerte er »*ein bedeutendes Vermögen, das später von seiner Witwe noch übertroffen wurde*«.[2]

Signiert und datiert ist das »*Bildnis Landammann Bartholomäus Aberer*« rückseitig mit »*Marianna Angelica Kauffmeni Pinx 1758*«. Das Alter des Porträtierten wird ebendort mit »*AETATIS sue 39*« angegeben. Das »*Bildnis Margarethe Aberer*« ist signiert mit »*J. Kauffman. Pinxit*« und datiert mit »*Anno 1758*« und spezifiziert mit »*M: Margaretha Meusburg:in*« und »*Ätatis suae 33*«.

Johann Aberer berichtet von einem in Wiener Privatbesitz erhaltenen Hochzeitskasten und einer Truhe des Ehepaares Aberer. Möglicherweise handelt sich bei der im Heimatmuseum des Angelika Kauffmann Museums ausgestellten Truhe um diese wohl anlässlich der bevorstehenden Hochzeit, die 1746 stattfand, angefertigte Truhe. Der selbst als Tischler tätige Johann Aberer stützt diese These durch seine Beobachtung, dass beide Möbelstücke vom selben Tischler stammen:

[1] *Waltraud Maierhofer (Hg.), Angelika Kauffmann. »Mir träumte vor ein paar Nächten, ich hätte Briefe von Ihnen empfangen«. Gesammelte Briefe in den Originalsprachen, Lengwil 2001, S. 71.*
[2] *Franz Kaufmann, Schwarzenberger Heimatbuch, Dornbirn 2000, S. 78.*

Bildnisse Bartholomäus und Margarethe Aberer

Angelika Kauffmann: Bildnis Landammann Bartholomäus Aberer
1758 / Öl auf Leinwand / 745 x 562 mm
Angelika Kauffmann Museum, Schwarzenberg, Inv.-Nr. akmu-1053

Johann Joseph Kauffmann: Bildnis Margarethe Aberer
1758 / Öl auf Leinwand / 745 x 562 mm
Angelika Kauffmann Museum, Schwarzenberg, Inv.-Nr. akmu-3912

»Um diese Zeit zeigten die Schwarzenberger Patrizier (Oberschicht) in der Parzelle Hof – spöttisch der ›Hofer Adel‹ genannt – ihre Wohlhabenheit auch durch die Anschaffung von repräsentativem Mobiliar. Diese Truhe [...] trägt die Jahreszahl 1745. Es ist sicher, dass diese zwei Möbelstücke vom selben Tischler angefertigt wurden. Die Truhe stand früher im Gasthaus ›Schäfle‹, ob sie auch anlässlich der Hochzeit von Bartle [Bartholomäus Aberer] angefertigt wurde, ist nicht mehr zu ergründen.« [3]

Laut Karteikarte des Angelika Kauffmann Museums kam die Truhe aus dem Schwarzenberger Gasthaus »Schäfle« im 20. Jahrhundert in den Besitz des Museums. Die »Schäfle«-Wirtin Anna Maria Fetz (1711–1781), geb. Aberer, war die Schwester von Bartholomäus Aberer. Diese Herkunft dürfte wohl ein weiterer Beleg dafür sein, dass es sich bei der Truhe tatsächlich um die Hochzeitstruhe des Ehepaars Aberer handelt.

Nach Auskunft von Johann Aberer gehörte auch Bartholomäus Aberers Frau Margarethe Meusburger zu einer wohlhabenden Familie in Bizau. Dies lässt sich anhand der Steuerbücher des Vaters nachweisen. Und so ist die Heirat von Margarethe und Bartholomäus Aberer durchaus als Zweckheirat nach dem eingangs zitierten Motto zu sehen: »*Alpe zu Alpe, Gut zu Gut – so ist es ›Wäldarbruh‹ [Wälderbrauch].*«[4] Mit den Bildnissen des Ehepaars Aberer thematisiert die Ausstellung die im Bregenzerwald des 18. Jahrhunderts noch vielfach geübte Praxis der gestifteten Ehen, die in der Terminologie des Soziologen Niklas Luhmann »*als Stützpfeiler politischer, religiöser oder wirtschaftlicher Funktionen*«[5] bezeichnet werden können.

[3] *Johann Aberer, Stammbaum Aberer Schwarzenberg, Schwarzenberg 2010, S. 89.*
[4] *Werner Vogt, Ein mächtiger Viehhalter am Schwarzenberg, in: Bregenzerwald-Heft, Jg. 26, 2007, S. 71–76, hier S. 72.*
[5] *Niklas Luhmann, Liebe als Passion. Zur Codierung von Intimität, Frankfurt a.M. 1988, S. 183f.*

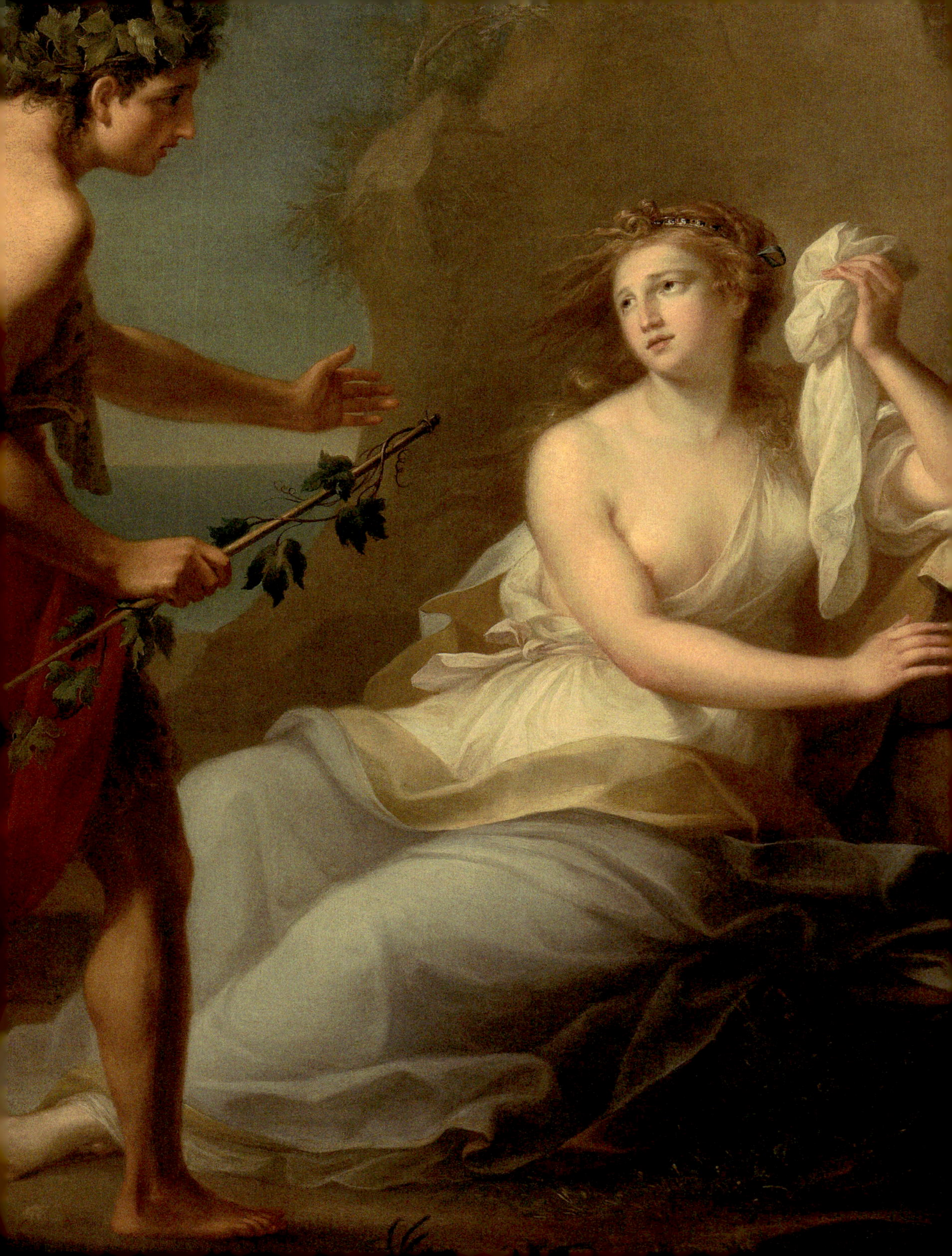

»So wie eine Liebste an dem Ufer des Meeres ihren abfahrenden Liebhaber [...] verfolgt und selbst in dem entfernten Segel das Bild des Geliebten zu sehen glaubt.« Johann Joachim Winckelmann

Ariadne zwischen Theseus und Bacchus

Eine Vorform der späteren Trauerikonen verkörpert die von Theseus verlassene Ariadne in Kauffmanns Werk. Das im selben Jahr vollendete Werk findet in der Schlusspassage von Winckelmanns ebenfalls 1764 erschienener *»Geschichte der Kunst des Altertums«* einen theoretischen Hintergrund. Die Trauer Ariadnes um den wegsegelnden Geliebten entspricht der Antikensehnsucht des 18. Jahrhunderts.

Das zu Kauffmanns Frühwerk zählende Gemälde »*Bacchus entdeckt die von Theseus verlassene Ariadne auf Naxos*« (1764) eröffnete Angelika Kauffmanns Karriere als Historienmalerin. Das Werk präfiguriert den in Kauffmanns Gesamtwerk immer wieder aufgegriffenen Typus der verlassenen, trauernden Frau *(→ S. 84 – 91)*. Im Kontext der Ausstellung macht es sowohl die Ausformung dieser Einfigurenhistorienbilder der verlassenen Frauengestalten als auch die Antikenrezeption nach Winckelmann, der es um eine gefühlsbetonte Kunstauffassung ging, nachvollziehbar. Wie Bettina Baumgärtel bemerkte, ist bei diesem Gemälde nicht so sehr der Bezug auf die Textquellen erhellend, sondern vielmehr die lange Bildtradition des Ariadne-Motivs ausschlaggebend.[1] Astrid Reuter geht den kunstgeschichtlichen Spuren dieses Motivs im vorliegenden Katalog nach *(→ S. 12 – 45)*.

Trotzdem sei ein kleiner Ausblick auf die mythologischen und literarischen Grundlagen erlaubt. Der sagenhafte athenische König Theseus befreit seine Heimatstadt Athen von der Pflicht, dem kretischen König Minos als jährlicher Tribut Kinder für das im Labyrinth lebende Ungeheuer Minotaurus zum Fraß vorzuwerfen. Theseus erschlägt das Ungeheuer und findet mithilfe von Ariadnes Faden den Weg aus dem Labyrinth heraus. Daraufhin entführt Theseus Ariadne auf die Insel Naxos, wo er sie zurücklässt, um nach Athen zurückzusegeln. Dabei vergisst er das siegverkündende weiße Segel zu hissen und treibt damit seinen Vater in den Tod. Bacchus trifft auf die verlassene Ariadne und verliebt sich in sie.

In Catulls Gedicht 64, das sich der Hochzeit des Peleus und der Thetis widmet, wird Ariadnes Schicksal ausgehend von einer Abbildung auf der Hochzeitsdecke von Peleus und Thetis aufgerollt. Die Referenzstelle bei Catull fasst Ariadnes Verzweiflung in wenige Zeilen und lässt Bacchus ziemlich abrupt auftreten:

[1] *Baumgärtel 1998, S. 134.*

Ariadne zwischen Theseus und Bacchus

Angelika Kauffmann: Bacchus entdeckt die von Theseus verlassene Ariadne auf Naxos
1764 / Öl auf Leinwand / 1660 x 1250 mm
Kunstbesitz der Landeshauptstadt Bregenz

»Denn es blickt von dem
wellenumtosenden Strande von Dia
Hin auf Theseus' schnell-
entfliehendes Schiff Ariadne,
Die im Herzen trägt unzähmbarer
Leidenschaften Schmerzen; [...]
Doch der Jüngling, der ihrer nicht denkt,
er schlägt mit den Rudern
Eilend das Meer; die Schwüre vergehen,
dem Wind überlassen.

Tief verletzt erwog sie
im Herzen tausend Gedanken.
Doch von der anderen Seite
naht schon strahlend Bacchus
Mit seinem Schwarm von Satyrn
und nysagebornen Silenen,
Der Ariadne dich sucht
und zu dir in Liebe entbrannt ist.« [2]

Den Moment, den die Künstlerin aus der Geschichte herausgreift, ist ihrem *»sicheren Gespür«* für *»den ›fruchtbaren Augenblick‹ der Geschichte am Scheideweg zwischen Unglück und Glück«* [3] geschuldet.

Bettina Baumgärtel hat erstmals einen kunstwissenschaftlichen *»Interpretationsrahmen«* für dieses Frühwerk Kauffmanns fruchtbar gemacht, nämlich Winckelmanns *»Geschichte der Kunst des Altertums«*. Dieses im Entstehungsjahr von *»Bacchus entdeckt die von Theseus verlassene Ariadne auf Naxos«* erschienene, Epoche machende Werk endet mit folgendem, Winckelmanns eigene kunsthistorische Tätigkeit und den unwiederbringlichen Verlust von antiken Lebenszusammenhängen reflektierenden Vergleich:

[2] *Zit. n. Baumgärtel 1998, S. 134*
[3] *Ebd.*

»Ich bin in der Geschichte der Kunst schon über ihre Grenzen gegangen, und ungeachtet mir bei Betrachtung des Untergangs derselben fast zumute gewesen ist wie demjenigen, der in Beschreibung der Geschichte seines Vaterlandes die Zerstörung desselben, die er selbst erlebt hat, berühren müßte, so konnte ich mich dennoch nicht enthalten, dem Schicksale der Werke der Kunst, so weit mein Auge ging, nachzusehen. So wie eine Liebste an dem Ufer des Meeres ihren abfahrenden Liebhaber, ohne Hoffnung, ihn wiederzusehen, mit betränten Augen verfolgt und selbst in dem entfernten Segel das Bild des Geliebten zu sehen glaubt.« [4]

Diesen Vergleich bezieht Baumgärtel auf den Ariadne-Mythos und setzt Winckelmanns Rückbesinnung auf die Antike in Zusammenhang mit Kauffmanns *»Rückgriff auf antike Figuren«*, um *»eine neue Form des Kunsterlebnisses durch eine Gefühle anregende Kunstbetrachtung«* [5] zu schaffen: *»Die Figur des Bacchus übernimmt stellvertretend den Betrachterstandpunkt. Durch Bacchus nimmt er Anteil an der Trauer der Heldin und ist dazu aufgefordert, sich wie Bacchus in sie zu verlieben.«* [6]

Winckelmanns Metapher lässt die Rückführung auf einen bestimmten Mythos offen, und so wundert es nicht, wenn Angela Rosenthal diese Stelle als Anspielung auf die Figur der Penelope liest und daran eine ansprechende feministische Lesart von Kauffmanns Transformation des Penelope-Themas anschließt, welche in der Frage gipfelt: *»What happens if the maiden who bodies forth the discourse of absence becomes a history painter?«* [7]

Ikonographisch und kunsthistorisch schlüssiger kann Winckelmanns Metapher jedoch auf die Figur und den Mythos um Ariadne *(→ S. 36f.)* zurückgeführt werden.

[4] *Johann Joachim Winckelmann, Geschichte der Kunst des Altertums, hg. von Wilhelm Senff, Weimar 1964, S. 336.*
[5] *Baumgärtel 1998, S. 134.*
[6] *Ebd.*
[7] *Angela Rosenthal, Angelica Kauffman. Art and Sensibility, New Haven / London 2006, S. 17ff.*

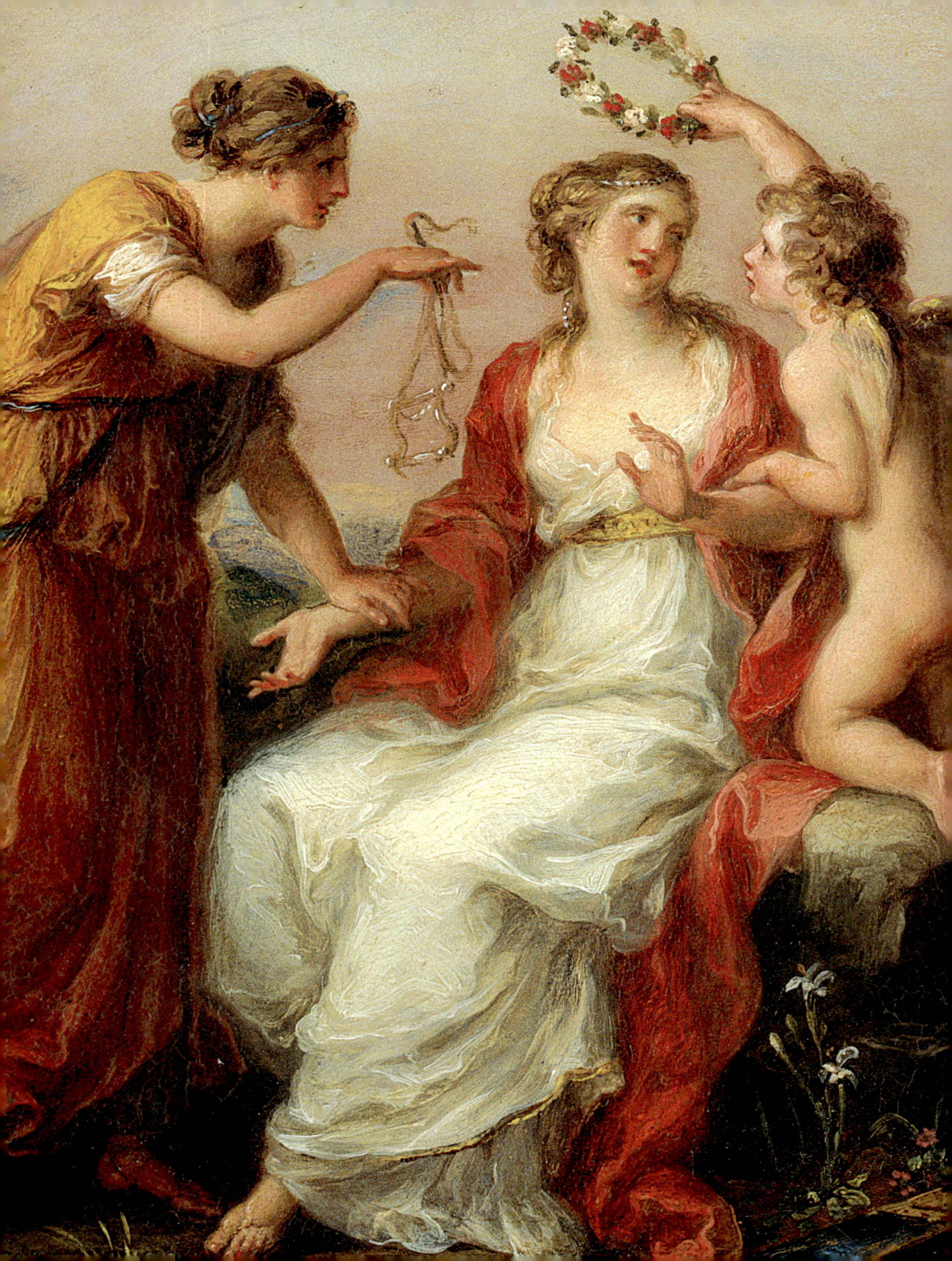

»[...] das ganze Chor der Götter nahm an der Hochzeitsfeier des himmlischen Amors teil, mit welchem Psyche [...] sich vermählte.« Karl Philipp Moritz

Die Hochzeit von Amor und Psyche

Während in Angelika Kauffmanns Meisterwerk »*Amor und Psyche*« ein früherer Moment des Mythos dargestellt ist, zeigt die »*Amor und Psyche*«-Zeichnung eine andere Szene: Das Kranzmotiv könnte eine Anspielung auf Amors Vermählung mit Psyche sein. Formal zeigt die Zeichnung große Ähnlichkeit mit einem in London entstandenen Gemälde aus der Tugend-und-Laster-Serie der Künstlerin.

Stellvertretend für Kauffmanns Gemälde »*Amor und Psyche*« (1792)¹, das in einer Ausstellung zum Thema »*Liebende*« natürlich nicht fehlen darf, und für den Ölbozzetto zum selben Gemälde, der bereits in der Ausstellung »*Wahlverwandte*« zu sehen war, ist dieses Jahr die »*Amor und Psyche*«-Kreidezeichnung ausgestellt. Sie wurde jüngst von Bettina Baumgärtel als erster Beleg für Kauffmanns Beschäftigung mit dem Thema von »*um 1792*«² auf »*ab 1787*« vordatiert.³

Die Zeichnung zeigt nur wenig Ähnlichkeit mit dem fertigen Gemälde, so ist Psyche hier nicht in einen todesähnlichen Schlaf versunken, sondern hebt den Topf mit der Schönheitssalbe, den sie als letzte Prüfung von der Göttin der Unterwelt, Persephone, erkämpfen musste, in die Höhe. Diese Geste setzt sich in dem erhobenen Arm von Amor fort, der einen Kranz über Psyches Kopf hält, und der Kreis schließt sich durch die ineinandergelegten Hände des Paares, die wiederum zusammen in Richtung des Armes von Psyche weisen.

Im Gegensatz zur Textquelle für das Gemälde (Apuleius' »*Metamorphosen oder der goldene Esel*«) könnte das Ende von Karl Philipp Moritz' 1791 erschienener »*Götterlehre*«, die in engem Austausch mit Goethe entstand, die Inspiration für die Zeichnung gewesen sein:

*»[…] denn schon war sein Entschluß gefaßt, sich mit der Psyche zu vermählen; sie ward auf seine Bitte beim Jupiter unter die Zahl der Götter aufgenommen; auch Venus ward versöhnt; Gesang und Saitenspiel ertönte, und das ganze Chor der Götter nahm an der Hochzeitsfeier des himmlischen Amors teil, mit welchem Psyche, wie der Götterfunken mit seinem Ursprunge, sich vermählte.«*⁴

---

¹ *Angelika Kauffmann, Amor und Psyche. Kunsthaus Zürich. Wird dzt. aus konservatorischen Gründen nicht verliehen.*
² *Baumgärtel 1998, S. 376.*
³ *Bettina Baumgärtel, Amor und Psyche. Angelika Kauffmann und Louise von Anhalt-Dessau, in: Christiane Holm und Holger Zaunstöck (Hg.), Frauen und Gärten um 1800. Weiblichkeit – Natur – Ästhetik, Halle 2009, S. 92–116, hier S. 101.*
⁴ *Karl Philipp Moritz, Götterlehre oder mythologische Dichtungen der Alten, Berlin 1825, S. 307f.*

Die Hochzeit von Amor und Psyche

Angelika Kauffmann: Amor und Psyche
ab 1787 / Schwarze Kreide, mit weißer Kreide gehöht, auf braungrauem Papier / 260 x 159 mm
Tiroler Landesmuseum Ferdinandeum, Innsbruck, Graphische Sammlung, Inv.-Nr. K104

Moritz hatte Goethe während seines Rom-Aufenthalts 1786–1788 kennen gelernt. Auch Angelika Kauffmann hatte Kontakt zu ihm, wie aus einem Brief an Goethe hervorgeht.[5]

Auf den ikonographischen Zusammenhang dieser Zeichnung mit dem in der Phase von Kauffmanns Londoner »Tugend-und-Laster-Serien« entstandenen Tondo »*Die Schönheit, versucht von der Liebe, geleitet von der Klugheit*« (vor 1782) wies Baumgärtel überzeugend hin. Zu der »*auffällig ähnlichen Paarkonstellation*« kommt das in beiden Bildern verwendete Kranzmotiv hinzu. Während es aber im Tondo die Funktion habe, die Versuchung der Liebe zu demonstrieren, attestiert Baumgärtel ihm in der Innsbrucker Zeichnung »*eher eine brautmystische Konnotation*«, die auf die »*nachfolgende Hochzeit von Amor und Psyche*« verweise.[6] Laut Baumgärtel ist die Geste der triumphierenden Psyche, »*die das Salbgefäß der ewigen Schönheit in die Höhe hält*«, innerhalb der Psyche-Ikonographie »*singulär*«.[7] Angelika Kauffmann könnte mit dieser Psyche-Interpretation und deren Präfiguration in »*Die Schönheit, versucht von der Liebe, geleitet von der Klugheit*« den Begriff der Schönheit in der klassizistischen Kunsttheorie reflektiert haben. In der Figur der schönen Psyche fielen somit Ästhetik und ethisches Ideal der »*schönen Seele*« in eins.[8]

[5] *Maierhofer 2001, S. 115.*
[6] *Baumgärtel 2009, S. 102.*
[7] *Ebd.*
[8] *Ebd., S. 103.*

Die Hochzeit von Amor und Psyche

Angelika Kauffmann: Die Schönheit, versucht von der Liebe, geleitet von der Klugheit
vor 1782 / Öl auf Kupfer / 295 mm, Rundbild im Quadrat
Privatsammlung

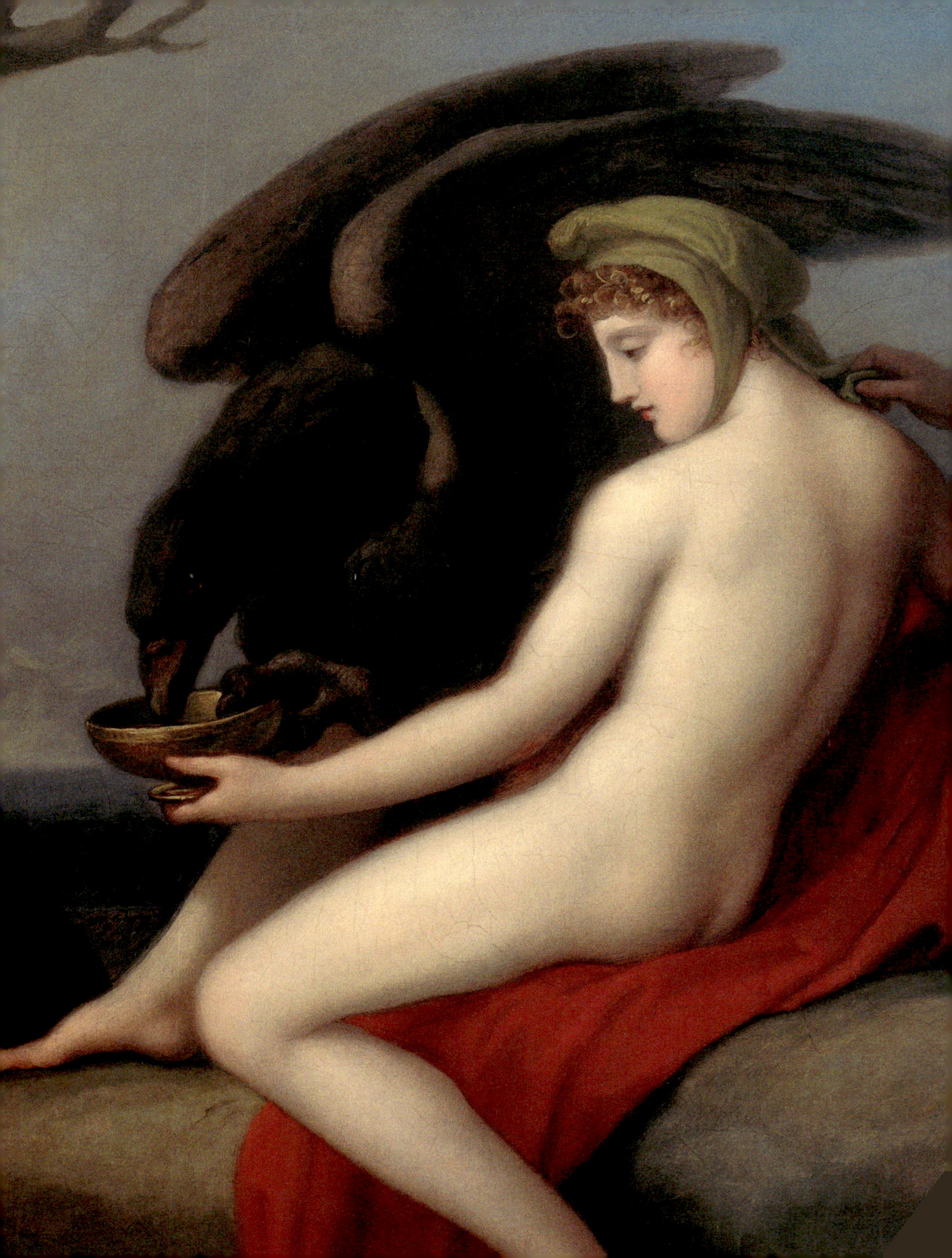

»Dann wünschte ich wieder ein Bild zu besichtigen, ein süßlich-wässriger Ganymed, das Angelika Kauffmann zugeschrieben wird.« Norman Douglass

Ganymed und Zeus

In der Besitzgeschichte des die Jünglingsliebe von Zeus thematisierenden Gemäldes spiegeln sich einige schottische, deutsche und österreichische Familien- und Liebesgeschichten wider. Bisher nicht bekannt war die Tatsache, dass das Gemälde im 19. Jahrhundert von dem Vorarlberger Maler Jakob Jehly restauriert wurde.

Die Provenienz dieses Gemäldes ist enger mit Vorarlberg, aber auch mit England verbunden, als bisher bekannt war. Der von Bettina Baumgärtel minutiös recherchierten Herkunft des Gemäldes sind noch einige spannende Aspekte hinzuzufügen. Zu klären wäre in diesem Zusammenhang die Frage, ob es die erste von Baumgärtel ermittelte Besitzerin des Gemäldes Isabella Drumond Forbes (1817–1897)[1] ursprünglich aus dem Besitz ihres Vaters, Lord James Ochoncar Forbes (1765–1843), erbte. Spannend nachzugehen wäre auch der Frage, ob nicht Sir William Forbes (1739–1806), sixth baronet of Pitsligo, erklärter Freund von Angelika Kauffmann[2] und Auftraggeber des Werks »Die Religion im Kreise der Tugenden« (1787/1801)[3] der erste Besitzer von »Ganymed und der Adler« (1793) war.

Wie Waltraud Maierhofer schreibt, machte William Forbes 1793/94 »mit seiner Frau seine ›Grand Tour‹ durch Europa« und besuchte dabei auch Angelika Kauffmanns Atelier.[4] Allerdings stimmen die Jahreszahlen dieser Grand Tour nicht überein mit einem bei Manners & Williamson zitierten Bericht von William Forbes über seinen Besuch im Atelier der Künstlerin, der auf 1796 datiert wird, was wiederum mit der Tatsache übereinstimmt, dass Forbes bei diesem Besuch das Gemälde »Lasset die Kindlein zu mir kommen« (1796) gesehen hat: »I was with her when she put the finishing touches to her picture ›Suffer little children to come to Me.‹«[5]

Jedenfalls wäre es aufgrund der Entstehungsdaten des Ganymed-Gemäldes durchaus denkbar, dass William Forbes es zwischen 1793 und 1796 bei Angelika Kauffmann erworben hat. Dass Sir William Forbes und Lord James Ochoncar Forbes verwandt sind, kann auf einer genealogischen Website nachgelesen werden, der genaue Verwandtschaftsgrad lässt sich daraus allerdings nicht rekonstruieren.[6] Im »Memorandum« ist kein Auftraggeber vermerkt, nur die Angabe: »The idea was taken from a beautiful ancient cameo.«[7]

---

[1] *Baumgärtel schreibt »ehem. Sammlung Freiherr von Pöllnitz und Isabella Forbes, Schlößchen Babenwohl, Bregenz«, vgl. Baumgärtel 1998, S. 377.*

[2] *Maierhofer 2001, S. 238, S. 242 u. S. 273.*

[3] *Seit 1835 in Besitz der Tate Gallery, London, im Zweiten Weltkrieg zerstört.*

[4] *Maierhofer 2001, S. 465.*

[5] *Manners / Williamson 1924, S. 97.*

[6] *Eingesehen am 27.2.2011 unter der URL http://www.electricscotland.com/webclans/dtog/forbes2.html.*

[7] *Manners / Williamson 1924, S. 164.*

Ganymed und Zeus

Angelika Kauffmann: Ganymed und der Adler
1793 / Öl auf Leinwand / 500 x 600 mm
vorarlberg museum, Bregenz, Inv.-Nr. Gem 6

Die literarische Vorlage stammt aus Ovids »*Metamorphosen*«, wo Ganymed, der Schönste aller Sterblichen, vom Adler des Zeus (röm. Jupiter) als Ausdruck von dessen Jünglingsliebe geraubt wird, um ihm als Mundschenk zu dienen:

»*Einstmals liebte der Himmlischen Fürst*
　　　　Ganymedes, den Phryger,
Innig. Es fand sich ein Wesen,
　　　　um welches Jupiter gerne
Tauschte die eigne Gestalt;
　　　　ein einziger Vogel ist würdig,
Daß er in ihn sich verwandelt:
　　　　der Träger der Blitze des Gottes.
Unverzüglich durchstieß er
　　　　mit trügenden Schwingen die Lüfte
Und entführte den Ilier:
　　　　Der mischt ihm noch heute den Nektar:
Wider den Willen der Juno
　　　　kredenzt er dem Gotte den Becher.« [8]

[8] *Ovid, Metamorphosen. Epos in 15 Büchern, übersetzt u. hg. v. Hermann Breitenbach, Stuttgart 1986, S. 321.*
[9] *Baumgärtel 1998, S. 377.*
[10] *Vgl. Jürgen Thaler, Vanda Jehly (1840–1902), verwitwete Mrs. Douglass, geb. Baronin von Poellnitz, in: Andreas Rudigier (Hg.), Villa Falkenhorst, Nenzing 2002 (= Bludenzer Geschichtsblätter; 66+67), S. 81–91.*

Eine bisher unentdeckte Spur hinterließ das Gemälde bei der Tochter von Isabella Forbes und Ernst von Poellnitz, Vanda Jehly. Laut Baumgärtel erbte sie das Gemälde ihrer Eltern.[9] Unter dem Titel »*Deingedenken*« schrieb »*Vanda Jehly (1840–1902), verwitwete Mrs. Douglass, geb. Baronin von Poellnitz*«[10] ihre Erinnerungen an ihren früh verstorbenen zweiten Mann, den Bludenzer Maler Jakob Jehly (1854–1897) nieder. Darin dokumentierte sie abschriftlich Tagebuchnotizen und Briefe ihres verstorbenen Mannes wie auch eigene. In einem Brief vom 26. Mai 1875 schreibt sie an ihren späteren Mann:

»Heute Nachmittag sende ich mein Bild, Ganymed von Angelika Kaufmann an den Spediteur Ebenhoch in Bregenz u. hoffe, dass Sie es gut erhalten. [...] Seit Sie hier waren sah mein Vetter George Fairholme das Bild, u. sagte auch, dass es sicher von Angelika Kaufmann sei. [...] Besten Dank für alle Mühe, die Sie wegen der Restauration mit meinem Bilde haben werden.«[11]

Und zwei Wochen später, am 10. Juni 1875, schreibt sie: *»Wenn mein Ganymed fertig ist, bitte ich Sie denselben hierher an meinen Vater senden zu lassen, da ich nicht weiss, ob es nicht November wird, vor ich von England heimkehre.«*[12]

Durch diese brieflichen Zeugnisse kann nachgewiesen werden, dass Jakob Jehly[13] *»Ganymed und der Adler«* im Jahr 1875 restaurierte.

[11] *Wanda Jehly, Deingedenken. Erinnerungen an Jacob Jehly von Seiner Herzogin. Armatin 1901, S. 140f. Franz Michael Felder Archiv, Bregenz, Nachlass Wanda Cullun Douglass-Jehly, N 12 : A : 1.*
[12] *Ebd., S. 145.*
[13] *Zu Jakob Jehly s. Andreas Rudigier, Jakob Jehly – Maler der heimatlichen Landschaft, in: Ders., 2002, S. 93–104.*

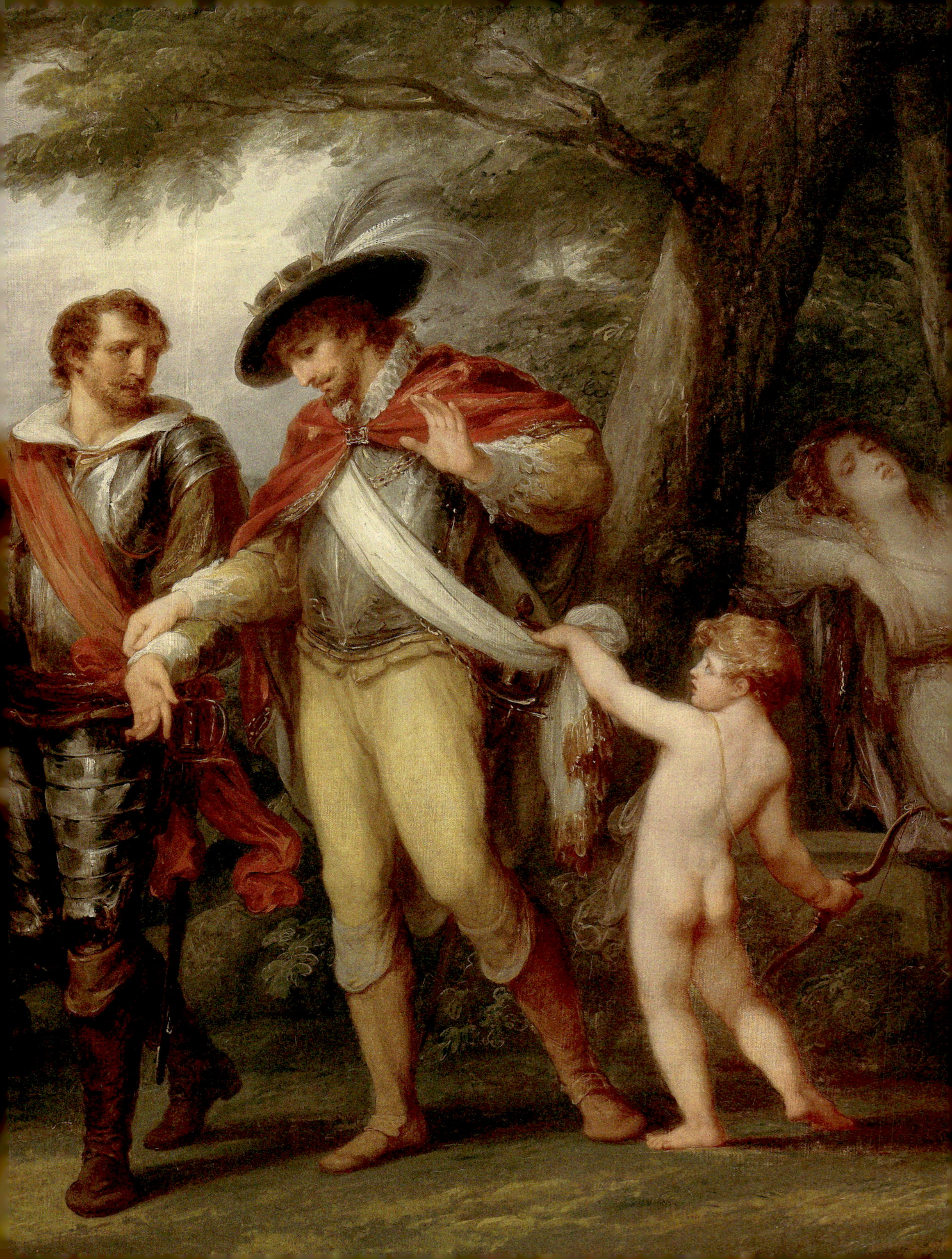

»Im Herzen deren Bild, die fliehend er verehret, Entfließt ihm Thrän' auf Thrän', obgleich er ihnen wehret. Hier hält die Lieb' ihn fest, es winkt Mornay ihm dort«. Voltaire

Am Scheideweg zwischen Ruhm und Liebe

Eine der zahlreichen Scheideweghistorien in Kauffmanns Werk ist *»Heinrich IV. zwischen Ruhm und Liebe«*. Während er sich entscheiden muss, fällt seine Geliebte in Ohnmacht. Dieser Ausdruck äußerster Verzweiflung ist im Hintergrund des Bildes verschwommen wahrnehmbar. Dem Amorknaben kommt die Rolle des Vermittlers der Gefühle an den Betrachter zu.

Auftraggeber des Gemäldes »*Heinrich IV. zwischen Ruhm und Liebe – Der Abschied*« (1788) war wie beim Gemälde »*Drei Nymphen löschen das Feuer der Liebe*« im Jahr zuvor *(→ S. 69)* wieder Andrej Kirillovič Razumovskij und nicht Graf Rossomersky, wie im »*Memorandum*« falsch festgehalten und in der Kauffmann-Forschung weitertradiert wurde.

Mit diesem Gemälde widmete sich Angelika Kauffmann einmal mehr einer in ihrem Werk so oft anzutreffenden Scheidewegsituation. Die Vorlage stammt aus Voltaires erstmals 1723 erschienenem Versepos »*Henriade*«, welches das Wirken des französischen Königs Heinrich IV. zum Gegenstand hat. Dank seiner Umsicht sicherte er mit dem Edikt von Nantes (1598) den Religionsfrieden und beendete gleichzeitig die Hugenottenkriege (1562–1598).

Die von Kauffmann aufgegriffene Abschiedsszene schildert Heinrich von Navarra nach einem Treffen mit seiner Geliebten, der Gräfin Gabrielle d'Estrées. General Philippe de Mornay erinnert ihn an seine Pflichten:

»Bei'm Abschied welch' ein Schmerz
  und welche Zärtlichkeit!
Im Herzen deren Bild,
  die fliehend er verehret,
Entfließt ihm Thrän' auf Thrän',
  obgleich er ihnen wehret.
Hier hält die Lieb' ihn fest,
  es winkt Mornay ihm dort;
Er geht, jetzt kehrt er um;
  verzweifelt eilt er fort;
Ist fort! Da sieht d'Estrées
  ohnmächtig man erbleichen,
Sie lieget regungslos
  und gibt kein Lebenszeichen.

Am Scheideweg zwischen Ruhm und Liebe

Angelika Kauffmann: Heinrich IV. zwischen Ruhm und Liebe – Der Abschied
1788 / Öl auf Leinwand / 1160 x 1533 mm
vorarlberg museum, Bregenz, Inv.-Nr. Gem 717

Ihr schönes Auge wird
*　　mit dunkler Nacht umhüllt*
Und Amor schreit, als er dies sieht
*　　von Angst erfüllt.«*[1]

Auf einer fiktiven »*Skala von Ausdruckswerten weiblicher Trauer*«[2] rangiert die in Ohnmacht dargestellte Gräfin an oberster Stelle. Sie verkörpert die Trauerikone in ihrer extremsten Form, der absoluten Steigerung von zum Ausdruck gebrachtem Schmerz: »*Kauffmann gibt diesen Zustand auch malerisch adäquat wieder, indem sie die Ohnmächtige mit verschwommenen Konturen darstellt, die eins mit der Natur zu werden scheinen.*«[3]

Baumgärtels Fazit (»*Eine den Betrachter rührende Anteilnahme an dem Schicksal der Verlassenen ist hier bewußt in den Hintergrund verlegt, Vorrang hat die Argumentation zugunsten der Staatspflichten.*«[4]) scheint mir jedoch vor allem dem weiteren Verlauf der Handlung geschuldet zu sein, im dargestellten Moment der Spannung zwischen zwei Polen gibt es meiner Ansicht nach mindestens ebenso viele Signale der Zuwendung zur Geliebten: Das nach hinten in Richtung der ohnmächtigen Geliebten gerichtete linke Bein Heinrichs IV. und sein Abwehrgestus mit der Linken könnten auch an Mornay adressiert sein, um einen Moment des Innehaltens zu gewinnen.

Interessanterweise tritt der Amorknabe in diesem Gemälde ohne Flügel in Erscheinung, was ihm einen stärkeren menschlichen Charakter verleiht. Möglicherweise wollte Kauffmann mit dem vermenschlichten Amor einer Forderung von Leon Battista Alberti (1404–1472) nachkommen, der sich in der Historienmalerei eine Vermittlerfigur mit folgenden Funktionen wünschte:

[1] *François Marie Arouet de Voltaire, Die Henriade. Aus dem Französischen im Versmaße des Originals übersetzt v. Friedrich Schröder, Leipzig 1843, S. 134f.*
[2] *Baumgärtel 1998, S. 420.*
[3] *Ebd.*
[4] *Ebd.*

Am Scheideweg zwischen Ruhm und Liebe

»Es gefiele mir dann, dass Jemand auf dem Bilde uns zur Antheilnahme an dem weckt, was man dort thut, sei es, dass er mit der Hand uns zum Sehen einlade, oder mit zornigem Gesichte und rollenden Augen uns abwehre heranzutreten, oder dass er auf eine Gefahr, oder eine wunderbare Begebenheit hinweise, oder dass er dich einlade, mit ihm zugleich zu weinen oder zu lachen« [5]

Genau diese Funktion übernimmt der Amorknabe in diesem Gemälde (und auch in der Textvorlage), er greift in das Geschehen ein, freilich ohne der Geschichte noch eine Wendung geben zu können. Mit seinem Eingreifen aber ist er das Bindeglied zur in den Hintergrund gerückten vom Geliebten Verlassenen, auf deren Leiden er den Betrachter aufmerksam macht.

[5] *Leon Battista Alberti, Über Malerei (1436), in: Thomas W. Gaethgens u. Uwe Fleckner (Hg.), Historienmalerei, Berlin 1996 (= Eine Geschichte der klassischen Bildgattungen; Bd. 1), S. 79–81, hier S. 81.*

Gemälde und Zeichnungen

Angelika Kauffmann: Selbstbildnis in der Tracht der Bregenzerwälder mit Pinsel und Palette
um 1757–1759 / Öl auf Leinwand / 460 x 330 mm
Galleria degli Uffizi, Florenz, Inv.-Nr. 4444

Angelika Kauffmann: Bildnis Landammann Bartholomäus Aberer
1758 / Öl auf Leinwand / 745 x 562 mm
Angelika Kauffmann Museum, Schwarzenberg, Inv.-Nr. akmu-1053

Johann Joseph Kauffmann: Bildnis Margarethe Aberer
1758 / Öl auf Leinwand / 745 x 562 mm
Angelika Kauffmann Museum, Schwarzenberg, Inv.-Nr. akmu-3912

Angelika Kauffmann: Bacchus entdeckt die von Theseus verlassene Ariadne auf Naxos
1764 / Öl auf Leinwand / 1660 x 1250 mm
Kunstbesitz der Landeshauptstadt Bregenz

Angelika Kauffmann: Aglaia, von Amor an den Baum gefesselt
vor 1777 / Öl auf Leinwand / 648 mm, Tondo
vorarlberg museum, Bregenz, Inv.-Nr. Gem 1346

Angelika Kauffmann: Amor wird keine Herzen mehr verführen
vor 1777 / Öl auf Leinwand / 645 mm, Tondo
vorarlberg museum, Bregenz, Inv.-Nr. Gem 1347

Angelika Kauffmann: Amor streitet mit den Grazien um seine Pfeile
vor 1777 / Öl auf Leinwand / 645 mm, Tondo
vorarlberg museum, Bregenz, Inv.-Nr. Gem 1349

Angelika Kauffmann: Amors Rache
vor 1777 / Öl auf Leinwand / 650 mm, Tondo
vorarlberg museum, Bregenz, Inv.-Nr. Gem 1348

Angelika Kauffmann: Ein Opfer an die Liebe
vor 1777 / Öl auf Leinwand / 645 mm, Tondo
vorarlberg museum, Bregenz, Inv.-Nr. Gem 1350

Angelika Kauffmann: Das Urteil des Paris
vor 1778 / Öl auf Leinwand / 650 mm, Tondo
Privatsammlung, Inv.-Nr. 1253

Angelika Kauffmann: Kalypso, verlassen von Odysseus
um 1778 / Öl auf Kupfer / 260 x 203 mm, hochoval
Angelika Kauffmann Museum, Schwarzenberg, Inv.-Nr. akmu-988

Angelika Kauffmann: Penelope trauert über dem Bogen des Odysseus
um 1778 / Öl auf Kupfer / 265 x 201 mm, hochoval
Angelika Kauffmann Museum, Schwarzenberg, Inv.-Nr. akmu-986

Angelika Kauffmann: Die Schönheit, versucht von der Liebe, geleitet von der Klugheit
vor 1782 / Öl auf Kupfer / 295 mm, Rundbild im Quadrat
Privatsammlung

Angelika Kauffmann: Alexander überlässt Apelles seine Geliebte Kampaspe
1783 / Öl auf Kupfer / 330 mm, Tondo
Kunstbesitz der Landeshauptstadt Bregenz

Exponate

Angelika Kauffmann: Amor und Psyche
ab 1787 / Schwarze Kreide, mit weißer Kreide gehöht, auf braungrauem Papier / 260 x 159 mm
Tiroler Landesmuseum Ferdinandeum, Innsbruck, Graphische Sammlung, Inv.-Nr. K104

Angelika Kauffmann und Jakob Philipp Hackert: Drei Nymphen löschen das Feuer der Liebe
1787 / Öl auf Leinwand / 730 x 610 mm
Privatsammlung

Angelika Kauffmann: Heinrich IV. zwischen Ruhm und Liebe – Der Abschied
1788 / Öl auf Leinwand / 1160 x 1533 mm
vorarlberg museum, Bregenz, Inv.-Nr. Gem 717

Angelika Kauffmann: Der trauernde Telemach mit Mentor auf der Insel der Kalypso
1788 / Öl auf Leinwand / 1030 x 1260 mm
Bündner Kunstmuseum, Chur, Inv.-Nr. 797.000.1970

Angelika Kauffmann: Der trauernde Telemach mit Mentor auf der Insel der Kalypso
1789 / Öl auf Leinwand / 800 x 965 mm
Privatsammlung

Angelika Kauffmann: Ganymed und der Adler
1793 / Öl auf Leinwand / 500 x 600 mm
vorarlberg museum, Bregenz, Inv.-Nr. Gem 6

Druckgrafik

Gabriel Skorodomoff nach Angelika Kauffmann: Der Triumph der Liebe
1778 / Punktierstich / 365 x 315 mm
vorarlberg museum, Bregenz, Inv.-Nr. St 212

Carlo Antonio Porporati nach Angelika Kauffmann: Gib Acht! Garde à Vous! Amor warnt vor der Liebe
1790 / Radierung mit Kupferstich / 480 x 335 mm
Angelika Kauffmann Museum, Schwarzenberg, Inv.-Nr. akmu-539

Handschrift

Wanda Jehly: Deingedenken. Erinnerungen an Jacob Jehly von Seiner Herzogin. Armatin 1901
Franz Michael Felder Archiv, Bregenz, Nachlass Wanda Cullun Douglass-Jehly, N 12 : A : 1.

Druckwerke

Francis Salignac de la Motte Fenelon: The Adventures of Telemachus, the Son of Ulysses, King of Ithaca & c.
in Greece, and one of the Princes who conductes the Siege of Troy. Now Newly Translated from the best Paris
and other Editions by William Henry Melmoth / London 1784 / Privatsammlung

Giovanni Gherardo de Rossi: Leben der berühmten Mahlerinn Angelika Kauffmann. Aus dem Italienischen
übersetzt und ergänzt von Alois Weinhart
Bregenz 1814 / Angelika Kauffmann Museum, Schwarzenberg, Inv.-Nr. akmu-15

Johann Joachim Winckelmann: Johann Winkelmanns Geschichte der Kunst des Alterthums
Wien 1776 / Vorarlberger Landesbibliothek, Bregenz

Objekt

Truhe aus Tannenholz
1745 / Verzierung mit Hartholz, vorne 3 Füllungen, 3 Schubladen / 1725 x 560 x 865 mm
Angelika Kauffmann Museum, Schwarzenberg, Inv.-Nr. akmu-1534

Porzellan

Goldene Porzellanmaler Nr. 96, Anton Kothgasser, unterglasurblauer Bindenschild, Wien:
Aglaia, von Amor gefesselt
1801 / Große zylindrische Prunktasse mit Untertasse und Deckel
Sammlung G. M., Stuttgart

Goldene Porzellanmaler Nr. 96, Anton Kothgasser, unterglasurblauer Bindenschild, Wien:
Aglaia, von Amor gefesselt
wohl 1802 / Große zylindrische Prunktasse
Elisabeth Mezger Tassenschenkung, Angelika Kauffmann Museum, Schwarzenberg, Inv.-Nr. 3409

Claudius Herr, unterglasurblauer Bindenschild, Wien: Das Urteil des Paris
1808 / Zylindrische Tasse mit Untertasse
Sammlung G. M., Stuttgart

Meißen: Ein Opfer an die Liebe
um 1810 / Tasse mit Untertasse / aufgelegtes Biskuitrelief
Sammlung G. M., Stuttgart

Porzellanmaler Nr. 155, Josef Kürner, Wien: Euphrosyne entwaffnet Cupido
1811 / Konische Tasse mit Fischhenkel und Klauenfüßen mit zugehöriger Untertasse
Elisabeth Mezger Tassenschenkung, Angelika Kauffmann Museum, Schwarzenberg, Inv.-Nr. 3405

Porzellanmaler Nr. 137, Joseph Geyer, Wien: Triumph der Liebe
1814 / Konische Tasse mit Schlangenhenkel und Untertasse
Elisabeth Mezger Tassenschenkung, Angelika Kauffmann Museum, Schwarzenberg, Inv.-Nr. 3400

Porzellanmaler Nr. 77, Johann Georg Gmendt, Wien: Cupid und Ganymed
1814 / Konische Tasse mit Schlangenhenkel und Untertasse
Elisabeth Mezger Tassenschenkung, Angelika Kauffmann Museum, Schwarzenberg, Inv.-Nr. 3399

Porzellanmaler Nr. 130, Karl Hinterberger, Wien: Ariadne, von Theseus verlassen
1815 / Konische Tasse mit Schlangenhenkel und Untertasse
Elisabeth Mezger Tassenschenkung, Angelika Kauffmann Museum, Schwarzenberg, Inv.-Nr. 3403

Grüne Marke K in Kreis, Böhmen: Das Urteil des Paris
um 1900 / Teller / Kobaltblaue Fahne mit Goldspitzenrand / Farbiges Abziehbild im flachen Spiegel
Sammlung G. M., Stuttgart

Literaturverzeichnis

Aberer, Johann: Stammbaum Aberer Schwarzenberg, Schwarzenberg 2010

Alberti, Leon Battista: Über Malerei (1436), in: Thomas W. Gaethgens und Uwe Fleckner (Hg.), Historienmalerei, Berlin 1996 (= Eine Geschichte der klassischen Bildgattungen; Bd. 1), S. 79–81

Baumgärtel, Bettina: Angelika Kauffmann (1741–1807). Bedingungen weiblicher Kreativität in der Malerei des 18. Jahrhunderts, Weinheim / Basel 1990

Baumgärtel, Bettina (Hg. u. Bearb.): Angelika Kauffmann, Kunstmuseum Düsseldorf / Haus der Kunst, München / Bündner Kunstmuseum, Chur, Ostfildern-Ruit 1998

Baumgärtel, Bettina: Amor und Psyche. Angelika Kauffmann und Louise von Anhalt-Dessau, in: Christiane Holm u. Holger Zaunstöck (Hg.), Frauen und Gärten um 1800. Weiblichkeit – Natur – Ästhetik, Halle 2009, S. 92–116

Bowron, Edgar Peters / Morton, Mary G.: Masterworks of European Painting in the Museum of Fine Arts, Houston, Princeton 2000

Busch-Salmen, Gabriele (Hg.): Goethe Handbuch Supplemente, Bd. 1: Musik und Tanz in den Bühnenwerken, Stuttgart / Weimar 2008

C. Valerius Catullus, Carmina. Gedichte, hg. u. übers. v. Niklas Holzberg, Sammlung Tusculum, Düsseldorf 2009

Ebert-Schifferer, Sybille / Emiliani, Andrea / Schleier, Erich: Guido Reni und Europa. Ruhm und Nachruhm, Frankfurt, Schirn-Kunsthalle, Frankfurt a.M. 1988

Fehlemann, Sabine (Hg.): Lovis Corinth (1858–1925). Aus der Graphischen Sammlung des Von der Heydt-Museums, bearb. v. Antje Birthälmer, Kunsthalle Barmen, Wuppertal 2004

Fénelon, François de Salignac de La Mothe: Die Abenteuer des Telemach. Mit einem Nachwort hg. v. Volker Kapp, Stuttgart 1984

Gaßner, Hubertus: Jakob Philipp Hackert und Russland, in: Ders. u. Ernst-Gerhard Güse (Hg.), Jakob Philipp Hackert. Europas Landschaftsmaler der Goethezeit, Ostfildern-Ruit 2008, S. 44–59

Gleichenstein, Elisabeth von (Hg.): »... und hat als Weib unglaubliches Talent«. Angelika Kauffmann (1741–1807) und Marie Ellenrieder (1791–1863). Malerei und Graphik, Kat. Kauffmann bearbeitet v. Bettina Baumgärtel, Konstanz 1992

Goethe, Johann Wolfgang: Claudine von Villa Bella (Zweite Fassung), in: Dieter Borchmeyer (Hg.), Dramen 1776–1790, (= Sämtliche Werke. Briefe, Tagebücher und Gespräche. I. Abteilung, Bd. 5), Frankfurt a.M. 1988, S. 661–719

Goethe, Johann Wolfgang von: Über Laokoon, in: Goethes Werke, Band XII, Schriften zur Kunst, Schriften zur Literatur, Maximen und Reflexionen, textkritisch durchgesehen v. Erich Trunz u. Hans Joachim Schrimpf, kommentiert v. Herbert von Einem u. Hans Joachim Schrimpf, München 1998, S. 56–66

Helbok, Claudia: Miss Angel. Angelika Kauffmann – Eine Biographie, Wien 1968

Homer: Odyssee. Übersetzt v. Roland Hampe, Stuttgart 1980

Ingamells, John: A Dictionary of British and Irish Travellers in Italy 1701–1800, New Haven / London 1997

Jooss, Birgit: Lebende Bilder. Körperliche Nachahmungen von Kunstwerken in der Goethezeit, Berlin 1999

Kaufmann, Franz: Schwarzenberger Heimatbuch, Dornbirn 2000

Kirchner, Thomas: L'expression des passions. Ausdruck als Darstellungsproblem in der französischen Kunst und Kunsttheorie des 17. und 18. Jahrhunderts, Mainz 1991

Knight, Carlo (Hg.): La »Memoria delle piture« di Angelica Kauffman, Rom 1998

Köhn, Silke: Ariadne auf Naxos. Rezeption und Motivgeschichte von der Antike bis 1600, München 1999

Luhmann, Niklas: Liebe als Passion. Zur Codierung von Intimität, Frankfurt a.M. 1988

Maierhofer, Waltraud (Hg.): Angelika Kauffmann. »Mir träumte vor ein paar Nächten, ich hätte Briefe von Ihnen empfangen«. Gesammelte Briefe in den Originalsprachen, Lengwil 2001

Manners, Victoria / Williamson, George Charles: Angelica Kauffmann, Her Life and her Works, London 1924

Mertens, Veronika: Die Grazien und Amor. Zur klassizistischen Metamorphose eines Rokokothemas in Werken von Dannecker und Thorvaldsen, in: Christian von Holst, Schwäbischer Klassizismus zwischen Ideal und Wirklichkeit, Stuttgart-Ruit 1993, S. 289–303

Metastasio, Pietro: Les Grâces vengées, in: Anne Gabriel Meusnier de Querlon (Hg.), Les Grâces, Paris 1769, S. 75–84.

Moritz, Karl Philipp: Götterlehre oder mythologische Dichtungen der Alten, Berlin 1825

Naumann, Ursula: Geträumtes Glück. Angelica Kauffmann und Goethe. Frankfurt a.M. / Leipzig 2007

Ost, Hans: Melodram und Malerei im 18. Jahrhundert. Anton Graffs Bildnis der Esther Charlotte Brandes als Ariadne auf Naxos, Kassel 2002

Ovid: Metamorphosen. Epos in 15 Büchern, übersetzt u. hg. v. Hermann Breitenbach, Stuttgart 1986

Publius Ovidius Naso: Liebesbriefe. Heroides – Epistulae, hg. u. übers. v. Bruno W. Häuptli, Zürich 1995

Publius Ovidius Naso: Metamorphosen, hg. v. Erich Rösch, Sammlung Tusculum, München 1992

Rehm, Ulrich: Stumme Sprache der Bilder. Gestik als Mittel neuzeitlicher Bilderzählung, München / Berlin 2002

Reuter, Astrid: Ariadne. Ein Mythos im Wandel. Zu Historienbildern Angelika Kauffmanns. Unveröffentlichte Magisterarbeit, Freiburg i. Br. 1995.

Rosenthal, Angela: Angelika Kauffmann. Bildnismalerei im 18. Jahrhundert, Berlin 1996

Rosenthal, Angela: Angelica Kauffman. Art and Sensibility, New Haven / London 2006

Rossi, Giovanni Gherardo de: Leben der berühmten Mahlerinn Angelika Kauffmann. Aus dem Italienischen übersetzt u. ergänzt v. Alois Weinhart, Bregenz 1814

Roworth, Wendy Wassyng: Kauffman and the Art of Painting in England, in: Dies. (Hg.), Angelica Kauffman. A Continental Artist in Georgian England, The Royal Pavilion, Art Gallery & Museums Brighton, London 1993

Literaturverzeichnis / Fotonachweis

Rudigier, Andreas (Hg.): Villa Falkenhorst, Nenzing 2002 (= Bludenzer Geschichtsblätter; 66+67)

Sandner, Oscar: Angelika Kauffmann und Rom, Rom 1998

Savinskaja, Ljubov: Pis'ma Anželiki Kaufman kniazju N. B. Jusupovu [Angelika Kauffmanns Briefe an Prinz Jusupov], in: Vek Proscveščenija (Le Siècle des Lumières), Bd. 2, Moskau 2009, S. 23–46

Schneemann, Peter Johannes: Geschichte als Vorbild. Die Modelle der französischen Historienmalerei 1747–1789, Berlin 1994

Spickernagel, Ellen: »Helden wie zarte Knaben oder verkleidete Mädchen«. Zum Begriff der Androgynität bei Johann Joachim Winckelmann und Angelika Kauffmann, in: Renate Berger (Hg.) u.a., Frauen – Weiblichkeit – Schrift. Berlin 1985, S. 99–118

Thurnher, Eugen (Hg.): Angelika Kauffmann und die deutsche Dichtung, Bregenz 1966

Vogt, Werner: Ein mächtiger Viehhalter am Schwarzenberg, in: Bregenzerwald-Heft, Jg. 26, 2007, S. 71–76

Voltaire, François Marie Arouet de: Die Henriade. Aus dem Französischen im Versmaße des Originals übersetzt v. Friedrich Schröder, Leipzig 1843

Winckelmann, Johann Joachim: Geschichte der Kunst des Altertums, Wien 1934

Winckelmann, Johann Joachim: Geschichte der Kunst des Altertums, hg. v. Wilhelm Senff, Weimar 1964

Wolf, Claudia Marie: Die schlafende Ariadne im Vatikan. Ein hellenistischer Statuentypus und seine Rezeption, Hamburg 2002

Fotonachweis

Angelika Kauffmann Museum, Schwarzenberg / Robert Fessler: Umschlag, S. 46, 49, 84, 87, 89, 92, 95, 96
Bündner Kunstmuseum, Chur: S. 78, 81
Galleria degli Uffizi, Florenz: S. 11
Gemäldegalerie Alte Meister, Staatliche Kunstsammlungen Dresden: S. 12, 35
Thomas Girardelli, Bregenz: S. 76
Kunstbesitz der Landeshauptstadt Bregenz / Gerhard Klocker: S. 19, 72, 75, 98, 101
Museum of Art, Providence: S. 24
National Trust Photo Library / Derrick E. Witty: S. 39
SIK-ISEA Zürich: S. 66, 69, 83, 104, 109
Staatliches Radiščev-Kunstmuseum, Saratov: S. 50, 54
The John and Mable Ringling Museum of Art, Florida: S. 43
The Museum of Fine Arts, Houston: S. 27
Tiroler Landesmuseum Ferdinandeum, Innsbruck: S. 107
Markus Tretter, Lindau: S. 33
vorarlberg museum, Bregenz: S. 56, 60, 61, 62, 63, 64, 65, 110, 113, 116, 119

Impressum

BUCHER Verlag, Hohenems
www.bucherverlag.com

Der Katalog erscheint anlässlich der Ausstellung
»Angelika Kauffmann. Liebende« im Rahmen der
Ausstellungstrilogie »Angelika Kauffmann – Der Traum vom Glück«
Angelika Kauffmann Museum, Schwarzenberg,
vom 11. Juni bis zum 26. Oktober 2011.

Eine Ausstellung des Vereins
»Freunde Angelika Kauffmann Museum Schwarzenberg«
Obmann: Gert Ammann
Stv. Obfrau: Rosemarie Rützler
Geschäftsführerin: Anna-Claudia Strolz
Schriftführerin: Claudia Milz
Beiräte: Armin Berchtold, Andreas Rudigier, Sepp Pokorny, Martina Rüscher,
Thomas Tedeschi, Hubert Schwärzler

Herausgeber:
Förderverein »Freunde Angelika Kauffmann Museum Schwarzenberg«

Idee:
Tobias G. Natter

Kuratorin:
Petra Zudrell

Gestaltung Katalog und Ausstellung:
broger grafik, Andelsbuch

Lithographie:
Fitz Feingrafik, Lustenau

Korrektur:
Ronald Dietrich

Umschlagabbildung:
Carlo Antonio Porporati nach Angelika Kauffmann: Gib Acht! Garde à Vous!
Amor warnt vor der Liebe, Angelika Kauffmann Museum, Schwarzenberg

© Für die Textbeiträge bei den Autorinnen Astrid Reuter und Petra Zudrell

© Förderverein »Freunde Angelika Kauffmann Museum Schwarzenberg«
Brand 34 / A-6867 Schwarzenberg
www.angelika-kauffmann.com
Alle Rechte vorbehalten

Druck:
BUCHER Druck Verlag Netzwerk, Hohenems
Printed in Austria

ISBN 978-3-99018-064-8